ANGELA TRONI
Markus König und Sigi Roth

Am Ende des Kreisverkehrs links abbiegen

Kurioses von der Straße

blanvalet

MIX
Papier aus verantwortungsvollen Quellen
FSC® C014496

Verlagsgruppe Random House FSC® N001967
Das FSC®-zertifizierte Papier *Holmen Book Cream*
für dieses Buch liefert Holmen Paper, Hallstavik, Schweden.

1. Auflage
Originalausgabe Juli 2014 bei Blanvalet, München,
einem Unternehmen der Verlagsgruppe Random House GmbH

Umschlaggestaltung und Daumenkino:
© Johannes Wiebel | punchdesign
Redaktion: Lisa Bitzer
wr · Herstellung: sam
Satz: Uhl+Massopust, Aalen
Druck und Einband: GGP Media GmbH, Pößneck
Printed in Germany
ISBN: 978-3-442-38289-7

www.blanvalet.de

Inhalt

Vor Fahrtantritt bitte Gurt anlegen!

Vorwort

Fahrlehrer vermitteln ihren Schülern »die nötigen Kenntnisse, Fähigkeiten und Verhaltensweisen, um ein Kraftfahrzeug zu beherrschen und sicher im Straßenverkehr zu bewegen«. Sie bereiten ihre Schäfchen »gezielt auf die theoretische und praktische Führerscheinprüfung vor« – jedenfalls laut Berufsbeschreibung, die natürlich nicht mehr als graue Theorie ist und mit der Realität nur ansatzweise etwas zu tun hat.

Zum Glück. Denn in der Praxis ist unser Job deutlich spannender als auf dem Papier und umfasst viel mehr, als manch einer, der sich für unseren Beruf hat ausbilden lassen, jemals ahnen konnte. Wir, also Markus und Sigi, sind Fahrlehrer aus Leidenschaft und unterrichten in allen Klassen, von Motorrad über Pkw und Lkw bis hin zu Bus und was es sonst noch so gibt.

Über zu wenig Abwechslung oder gar Langeweile im Berufsalltag können wir uns nicht beklagen, im Gegenteil – manchmal verlangen uns die Fahrschüler wirklich alles ab: ganze Kofferraumladungen voller Geduld. Eine letzte Zigarette vor der praktischen Prüfung. Manchmal Baldriantropfen. Fast immer den

Toilettenschlüssel. Ein offenes Ohr für ihre Sorgen und Nöte, egal ob es um nervige Eltern, einen Streit mit der »BFF« oder Liebeskummer geht. Kostenlose Ratschläge in allen Lebenslagen. Im Extremfall auch schon mal Shuttle-Dienste zum abendlichen Date im Anschluss an die Nachtfahrt. Und dazu jede Menge Taschentücher.

Aber auch wenn der Job manchmal anstrengend ist, wenn nahezu jede Ampel, die wir passieren, auf Rot springt und das Getriebe unter der unsanften Behandlung schmerzerfüllt aufkreischt, gibt es für uns nichts Schöneres, als mitzuverfolgen, wie unsere anfangs oft völlig überforderten Schüler unsere Anweisungen immer besser umsetzen und mit der Zeit ihren eigenen Fahrstil entwickeln. Na gut, es gefällt uns besonders, wie sie unsere Anweisungen umsetzen. Der eigene Fahrstil ist bei manchen Kandidaten sekundär, Hauptsache, sie lernen *überhaupt* fahren.

Die besondere Herausforderung als Fahrlehrer besteht darin, jeden Einzelnen, so untalentiert, nervös oder gehemmt er auch sein mag, zum Erfolg zu führen. Mit großem Engagement geben wir daher alles, damit unsere Schüler am Ende, wie es so schön heißt, mit »P 1« nach Hause gehen: einer auf Anhieb bestandenen Führerscheinprüfung.

Bei uns wird viel gelacht und gescherzt. Ist man nett zu uns, erklären wir gerne und geduldig – wenn es sein muss auch zum hundertsten Mal. Blut, Schweiß und Tränen, damit sind wir bestens vertraut. Manchmal sind die Fahrkünste unserer Schüler zum Davonlaufen, manchmal zum Totlachen, manchmal zum Fürchten, aber alles in allem sind wir sehr gerne auf den Straßen in und um München unterwegs. Nach dem Leben hat uns bisher noch kein Fahrschüler getrachtet – jedenfalls nicht absichtlich. Und auch sonst bringt uns so gut wie nichts aus der Ruhe. Tag für Tag machen wir unseren Fahrschülern klar, dass das »Stop« auf dem gleichnamigen Schild durchaus ernstgemeint ist, dass die Farbe Rot weder als Maisgelb noch als Kirschgrün oder Sonnenuntergangsorange zu interpretieren ist, schon gar nicht an einer Ampel, und dass es beim Thema »Vorfahrt gewähren« nichts zu diskutieren gibt. Nein, auch nicht mit dem Prüfer. *Vor allem* nicht mit dem Prüfer.

Wir helfen unseren Schülern dabei, das Gaspedal zu finden, den Tankdeckel, den richtigen Gang, das Zündschloss und die Kontrolle über das Auto, und wir versuchen, sie davon zu überzeugen, dass der menschliche Körper sehr wohl in der Lage ist, mehrere Dinge gleichzeitig zu tun, und das ohne dabei auf ein Handydisplay zu starren. Sollte ein Handgriff oder Ablauf auch im fünfzigsten Versuch noch nicht sitzen, dann üben wir ihn eben noch siebzehn weitere Male – oder so oft es nötig sein sollte. Selbst wenn ein Schüler die komplette Doppelstunde (immerhin neunzig lange Minuten) gegen seine Nervosität anquasselt und jeden einzelnen Schritt erst laut ankündigen muss, bevor er ihn ausführen kann, nehmen wir es mit dem nötigen Humor.

Womit wir bei euch angekommen wären. Vermutlich macht ihr es euch gerade irgendwo mit diesem Buch bequem, vor dem Kamin, im Liegestuhl am Strand, in der Hängematte oder in der Straßenbahn (nur bitte, bitte nicht auf dem Fahrersitz eines Pkw!), und freut euch auf eine unterhaltsame und abwechslungsreiche Lektüre. Das dürft ihr. Denn überall da, wo Menschen aufeinandertreffen, passieren die unglaublichsten Geschichten.

Sicher habt ihr ebenfalls die eine oder andere lustige, nachdenkliche, möglicherweise auch seltsame Anekdote auf dem Fahrer- oder Beifahrersitz erlebt. Wie ist es euch während der Fahrschulzeit ergangen? Welche spannenden, kuriosen, eventuell brenzligen Situationen verbindet ihr mit dieser Zeit? Und wie war eure Prüfung? Vielleicht sogar: Wie waren eure Prüfung*en*? Habt ihr auf Anhieb bestanden oder erst mal eine Ehrenrunde gedreht? Seid ihr souverän über die fünfundvierzig beziehungsweise sechzig oder siebzig (je nach Führerscheinklasse) Minuten gekommen, oder sind eure schweißnassen Hände ständig vom Lenkrad abgerutscht? Was fällt euch ein, wenn ihr an eure Fahrschulzeit zurückdenkt?

Schreibt uns eine Mail unter kreisverkehr@blanvalet.de und schildert uns eure Erlebnisse. Wir sind gespannt auf das, was euch so widerfahren ist, und wünschen euch jederzeit sichere und gute Fahrt.

So, und jetzt bitte anschnallen, Gang einlegen, und los geht's!

Markus Angela Sigi

Ein Herz für Inder

Sigi

Es hilft nichts, denke ich mit einem Seitenblick auf meinen indischen Fahrschüler, der wie immer in Hemd, Krawatte und mit dem ordentlichsten Seitenscheitel, den ich je gesehen habe, so aufrecht hinterm Steuer sitzt, als hätte er einen Stock verschluckt. Ich beschließe, mal wieder ganz tief in die Trickkiste zu greifen. Die Ampel an der Wasserburger Landstraße, wo wir auf der Linksabbiegerspur stehen, ist lange genug rot für meine kleine Showeinlage, das weiß ich aus Erfahrung. Es kann also losgehen.

»Mach mal bitte das Fenster auf«, sage ich zu Rajesh, in der Hoffnung, dass die Nummer bleibende Wirkung haben wird. Dabei deute ich auf die Scheibe und bewege die rechte Hand langsam nach unten.

Der Neunzehnjährige spricht wirklich nicht gut Deutsch. Allerdings bin ich mir manchmal nicht sicher, ob er einfach nur so tut, als wüsste er nicht, was ich gerade von ihm will, oder ob er tatsächlich keinen blassen Schimmer von unserer Sprache hat.

Sein Gesicht ist ein einziges Fragezeichen, als er mich aus riesigen pechschwarzen Augen ansieht. Also wiederhole ich die Geste und imitiere, quasi als Special Effect, das Geräusch der herabsurrenden Scheibe. Das wirkt.

»Aaaaah, anderstääääänd, anderstääääänd«, sagt mein Schüler und drückt brav auf das Knöpfchen in der Türkonsole.

»Sehr gut«, lobe ich. Man soll auch kleine Erfolge belohnen – selbst wenn man sie nur mit der Lupe findet. »Jetzt linken Arm raus und winken«, fahre ich fort und mache es ihm vor.

Der Inder gehorcht aufs Wort und rudert mehrmals mit dem Arm auf und ab. Ich bin mir sicher, er hat keine Ahnung, warum er das tut.

»And now?«

Eine ältere Frau, die gerade die Kreuzung an der Fußgängerampel überquert, bleibt mitten auf der Straße stehen, um uns zu beobachten. Sie ist sichtlich fasziniert von unserer Darbietung.

Ich verkneife mir das Lachen und sage ernst: »Jetzt weiß unser Hintermann, dass wir links abbiegen wollen.«

Rajesh starrt mich an, als hätte ich von ihm verlangt, einer heiligen indischen Kuh die Vorfahrt zu nehmen. »Machen so in Germany?«

»Wenn es sein muss, schon. Du kannst beim nächsten Mal aber auch einfach den Blinker benutzen, falls dir das mit dem Winken zu anstrengend ist«, radebreche ich dann auf Englisch. Meine katastrophalen Fremdsprachenkenntnisse können es mit dem Deutsch von Rajesh nämlich locker aufnehmen.

Er schlägt sich mit der flachen Hand gegen die Stirn und hätte dabei fast seinen Scheitel durcheinandergebracht. »O Dschieeeeeses!«, ruft er. »Ich schon wieder vergessen die Blinken.«

»Ganz genau«, sage ich und füge in Gedanken hinzu: ungefähr zum dreihundertachtundfünfzigsten

Mal. Und es werden sicher noch mindestens genauso viele Male folgen…

Gerade als ich zu einem kleinen Vortrag zum Thema »Korrektes Abbiegen und Fahrspurwechsel in Mitteleuropa« ansetzen will, wird die Ampel grün, und ich muss mich wieder auf meinen Fahrschüler konzentrieren, der statt des Blinkers den Scheibenwischer aktiviert hat. Die Wischblätter schrappen über die trockene Scheibe und geben ein fieses Quietschen von sich. Hektisch schaltet Rajesh den Blinker an, wobei er unglücklicherweise auf die Hupe drückt – was ihm jedes Mal passiert, wenn er blinken will (es sei denn, er vergisst das Blinken!). Ich habe keine Ahnung, wie er das choreografisch hinbekommt, geschweige denn, wie er es wieder loswird.

Ich helfe ihm mit den Pedalen, damit wir auf der Mauerseglerstraße keine Wurzeln schlagen, und lenke ein bisschen mit, weil er nicht weit genug einschlägt. Statt umzugreifen, schiebt er das Steuer mit viel zu hektischen, viel zu kleinen Bewegungen nach rechts, weshalb wir in Richtung Gegenfahrbahn abzudriften drohen. Das alles bei halsbrecherischen zwanzig Stundenkilometern an einem verkehrsmäßig eher ruhigen Mittwochvormittag bei trockener Fahrbahn und schönstem blauem Frühlingshimmel.

Dennoch, der gute Rajesh fordert meine volle Aufmerksamkeit, und zwar in jeder einzelnen Sekunde der knapp siebenundachtzig Fahrstunden, die er nun schon bei mir hatte. Davor war er in zwei anderen Fahrschulen, in denen man ihm nach einer Weile jedes Mal freundlich nahegelegt hat, sich in München besser mit dem öffentlichen Nahverkehr fortzubewegen. Oder auf eine Rikscha umzusteigen. Oder dahin zurückzugehen, wo der Pfeffer wächst. Vermutlich hätte er von dem Geld, das er bisher in Fahrstunden investiert hat, bis an sein Lebensende Taxi fahren können, aber der schmächtige, fast schon zerbrechlich wirkende Neunzehnjährige ist nicht davon abzubringen, das Autofahren zu lernen.

Als wir uns vor knapp einem halben Jahr kennengelernt haben, hat er mir deutlich zu verstehen gegeben, dass er die Führerscheinprüfung absolvieren möchte, koste es, was es wolle. »Money kein Problem, Sahib«, betonte er mehrfach in der abenteuerlichen Mischung aus Englisch und Deutsch mit starkem indischem Einschlag, die er mir als Mittel der Verständigung anbot, und fügte grinsend hinzu: »*Ich* Problem.«

Anfangs dachte ich noch, das wär ein Witz, doch ich musste allzu bald feststellen, dass er die Wahrheit gesagt hatte, und zwar ungeschönt. Aber ich habe bisher noch jeden Fahrschüler bis zur Prüfungsreife gebracht, da werde ich mir von einem fahrtechnisch komplett unbegabten Inder ganz bestimmt nicht die Statistik vermiesen lassen! Jedenfalls ist mir der sympathische und überaus höfliche Rajesh deutlich lieber als mancher nassforsche Siebzehnjährige, der das Selbstbewusstsein schon mit der Muttermilch aufgesogen hat.

Der gute Rajesh dagegen ist aufmerksam, konzentriert und wissbegierig und fasziniert mich immer wieder aufs Neue mit seinem perfekten Businessman-Aufzug. Er gibt sich wirklich alle Mühe und will etwas lernen. Deshalb biegen wir auch gleich wieder rechts ab in eine Tempo-Dreißig-Zone, wo wir rückwärts Einparken üben wollen. Das haben wir in letzter Zeit sträflich vernachlässigt – aus nachvollziehbaren Gründen. Es endet nämlich stets in einer mittelschweren Katastrophe, und nicht selten kann ich nur in letzter Sekunde verhindern, dass wir dabei Bekanntschaft mit der einen oder anderen Frontschürze schließen. Das Wort »Stoßstange« nimmt Rajesh für meinen Geschmack ein bisschen zu wörtlich, und ich befürchte, er wird in seinem späteren Leben als Autofahrer eine Standleitung zur nächsten Polizeidienststelle brauchen, um all die Parkunfälle aufnehmen zu lassen. Aber noch bin ich ja dabei und kann sämtliche Lack- und Blechschäden verhindern.

In der Reihenhaussiedlung ist unter der Woche tagsüber so gut wie nichts los, und es gibt unzählige Parkmöglichkeiten in allen Größen und Schwierigkeitsgraden. Ich wähle eine mehr als großzügig bemessene Lücke aus, in die man eine Stretchlimousine vorwärts hineinmanövrieren könnte, und bitte Rajesh, neben einem bereits geparkten Fahrzeug stehen zu bleiben.

Vorsorglich halte ich die Luft an, in trauriger Erwartung dessen, was jetzt kommt. »Krrrchhhhht« macht es, und der Rückwärtsgang ist drin.

»Kupplung!«, sage ich resigniert und schicke eine stumme Entschuldigung an das Getriebe. Das redet aber schon lange nicht mehr mit mir. Dann frage ich Rajesh: »Kannst du's allein, oder soll ich helfen?«

»Alleeiiiin please«, sagt er, rutscht auf dem Sitz noch weiter nach vorne als sonst und setzt sich noch aufrechter hin, obwohl das kaum geht. Dabei umklammert er das Lenkrad mit beiden Händen so fest, dass die Knöchel weiß hervortreten, lässt die Kupplung schnalzen und würgt den Motor ab.

Im Zirkus einem Elefanten das Seiltanzen beizubringen, kann nicht schwerer sein, denke ich und entscheide mich nach dem dritten erfolglosen Versuch von Rajesh, das Getriebe endgültig in die ewigen Jagdgründe zu schicken, doch einzugreifen. Er ist sichtlich nervös, da bleibt mir nur die Schritt-für-Schritt-Anleitung im Kommandoton. Mittlerweile weiß ich: Zu viel reden bringt nichts, im Zweifelsfall versteht er mich sowieso nicht, und das macht ihn nur noch nervöser. Ein Teufelskreis, den nur einer durchbrechen kann: ich.

Die nächsten dreieinhalb Minuten klingen deshalb ungefähr so: »Kupplung, Kupplung, jetzt Gas, langsam – gut so – gerade zurück, zurück – weiter – stopp – Lenkrad rechts – stopp – langsam fahren – weiter, weiter – Lenkrad zurück – stopp – Kupplung – langsam rückwärts – stopp – Lenkrad noch mal rechts – weiter rechts – erster Gang – Kupplung – langsam – langsam! Stopp! STOPP!«

Ich steige voll auf Kupplung und Bremse, der Wagen bleibt mit einem verärgerten Ruckeln stehen. Puh, das war knapp. Obwohl die Parklücke mindestens sieben Meter groß ist, hätte Rajesh um Haaresbreite die Stoßstange unseres Vordermanns gerammt, weil er plötzlich aufs Gas getreten hat statt auf die Kupplung. Er hat seine Füße einfach nicht unter Kontrolle, wenn er sich auf die Spiegel, seine Umwelt und das Lenken konzentrieren muss.

Rajesh zuckt entschuldigend die Achseln und sagt: »Sigiiiiii, ich nix schuld. Böses Auto einfach fahren.«

Mit vereinten Kräften schaffen wir es, das »böse Auto« unbeschadet zur Fahrschule zurückzubringen. Ich muss gestehen, dass ich jedes Mal heimlich ein Kreuz schlage, wenn die neunzig Minuten mit Rajesh unfallfrei zu Ende gehen. An manchen Tagen klappt es ja schon ganz gut, aber meistens vergeht keine Fahrstunde, ohne dass mein Adrenalinspiegel in gefährliche Höhen vorstößt. Oft liegt es an Rajesh, hin und wieder aber auch an anderen Verkehrsteilnehmern... Na gut, meistens liegt es an Rajesh.

Aber manchmal, da sind wirklich die anderen schuld. Wie zum Beispiel drei Tage später. Mein Fahrschüler und ich sind gerade in Ramersdorf in einem Wohngebiet unterwegs, es ist Samstag, die Sonne scheint, und niemand hat es eilig, da haut der Fahrer hinter uns auf die Hupe, dass ich mich vor Schreck fast an meinem Kaugummi verschlucke. Rajesh dagegen scheint sich pudelwohl zu fühlen und zuckelt einfach unbeirrt weiter. Vermutlich erinnert ihn der Lärm ja an seine Heimatstadt Mumbai.

Zugegeben – ich weiß, warum unserem Hintermann gleich die Hutschnur reißt. Rajesh gehört zu jenen Fahrschülern, die sich gerne mal zwei bis drei Stundenkilometer *unter* der erlaubten Höchstgeschwindigkeit fortbewegen, und auch jetzt fahren wir knapp achtundzwanzig Sachen – für ihn quasi an der Grenze zur Schallgeschwindigkeit.

Ich werfe einen Blick in den Rückspiegel und beobachte unseren Hintermann beim Ausrasten: ein verzerrtes Gesicht, wild gestikulierende Arme und diverse Mittelfinger, die da eigentlich nicht zu sehen sein sollten. »Oje, schon wieder so ein Bluthochdruckkandidat«, murmele ich vor mich hin und denke mir nichts weiter dabei. »Da vorne dann rechts«, sage ich zu Rajesh.

Kurz bevor wir die Kreuzung erreichen, schaltet

die Ampel auf Rot. Ich bin kurz abgelenkt, weil mein Handy eine neue SMS ankündigt, und als ich wieder hochblicke, steht unser cholerischer Verfolger neben uns an der Ampel. Auf der Gegenfahrbahn wohlgemerkt. Er hat das Seitenfenster heruntergelassen und legt einen 1-a-Tobsuchtsanfall hin. Momentan aber noch ohne Ton, denn wir haben das Fenster oben. Was drollig wirkt, irgendwie.

»Hören wir uns mal an, was er uns mitzuteilen hat«, sage ich zu Rajesh und lasse die Scheibe runterfahren.

»He, du Vollidiot, bist du zu blöd, um dem Typen hier das Autofahren beizubringen, oder was?«

Nur die Ruhe bewahren. »Wir können gerne die Plätze tauschen, wenn Sie meinen, es besser zu können.«

Er winkt ab und zeigt mir einen Vogel. Rajesh sitzt da wie vom Donner gerührt, lediglich sein Kopf dreht sich wie beim Tennis immer wieder von rechts nach links, von mir zu dem Schreihals und wieder zurück. Da kommt ein Rechtsabbieger aus der Querstraße und tritt voll auf die Bremse, da der Choleriker noch immer auf seiner Spur steht. Er hupt, was der andere erst mal erwidert, ehe er den Rückwärtsgang einlegt und Platz macht.

»Wie zu Hause«, sagt Rajesh sichtlich beeindruckt von dem Spektakel.

Dann springt die Ampel auf Grün, und wir fahren an. Das heißt, mein Fahrschüler versucht es, würgt aber prompt den Motor ab. Die lautstarke Reaktion aus dem Wagen hinter uns lässt nicht lange auf sich warten. Noch ehe Rajesh den Zündschlüssel im Schloss gedreht hat, versucht der andere an uns vorbeizuziehen, was jedoch abermals an einem entgegenkommenden Fahrzeug scheitert. In der Zwischenzeit zeigt die Ampel wieder Rot. Daraufhin verliert der Typ hinter uns komplett die Beherrschung und drückt erneut auf die Hupe. Diesmal, ohne sie wieder loszulassen. Vielleicht hat er ja auch einen Hirnschlag bekommen von der ganzen Kreischerei, und sein Kopf ist auf das Lenkrad gesunken. Soll alles schon vorgekommen sein.

Das sehe ich mir lieber mal selbst an. Ich steige aus und laufe auf den Wagen hinter uns zu.

»Du blödes Arschloch, du blödes! Dir haben sie doch ins Gehirn geschissen! Verpiss dich in dein Auto und mach dich vom Acker«, höre ich es durch die geschlossene Scheibe wüten.

Hm, wohl doch kein Hirnschlag. Immerhin hat er mittlerweile aufgehört zu hupen. Dennoch, auf diesen Niveaulimbo lasse ich mich nicht herab, solche Situationen regele ich lieber nonverbal. Ich zücke mein Handy und fotografiere das Nummernschild des Idioten, ehe ich wieder in das Fahrschulauto einsteige.

»Pass auf, Rajesh«, sage ich zu meinem Schüler. »Wenn die Ampel grün wird, würgst du den Motor noch mal ab, okay?«

»Oh yeeeeeeeees!«, ruft er begeistert und ist auf einmal ganz hibbelig. Das ist eine Aufgabe ganz nach seinem Geschmack.

Die Ampel schaltet um. Rajesh gibt Gas – und lässt den Motor absaufen. Er sieht stolz in meine Richtung. Schade, dass man mit dieser Einlage keine Fahrprüfer beeindrucken kann, ansonsten hätte er den Führerschein schon lange.

Unser Hintermann tut das, was ich von ihm erwartet habe. Das Hupkonzert ist Musik in meinen Ohren.

Rajesh startet den Motor erneut, fährt lehrbuchmäßig an, und kurz bevor die Ampel auf Rot umschaltet, biegen wir um die Ecke. An unserer Stoßstange klebt der Choleriker, der, kaum haben wir die Kreuzung hinter uns gelassen, mit Vollgas an uns vorbeizieht, nicht ohne uns ein letztes Mal den Vogel zu zeigen.

Eine rote Ampel überfahren, innerorts überholt und als Sahnehäubchen noch eine beleidigende Geste hinterhergeschickt... Das wird teuer, mein Freund, denke ich mir, denn *ich* hab einen Zeugen im Auto. Meine Laune steigt schlagartig mit den frühlingshaften Temperaturen draußen.

»Deutsche Autofahrer sehr viel wenig patience«, kommentiert Rajesh den Rowdy kopfschüttelnd. »In Indien much more Chaos, aber alles eeeeasy«, behauptet er mit patschuliverklärtem Gesichtsausdruck. Was er damit meint, davon bekomme ich nur wenige Tage später eine Kostprobe, auf die ich nur zu gern verzichtet hätte.

Wir sind auf der Tegernseer Landstraße in Richtung Norden unterwegs. Plötzlich fährt Rajesh so dicht auf den Beetle vor uns auf, dass mir angst und bange wird.

»He, willst du wissen, wann unser Vordermann zum TÜV muss, oder warum klebst du dem so am Heck?«, pfeife ich ihn sofort zurück. Im Eifer des Gefechts allerdings auf Deutsch.

Mein Tonfall ist aber wohl auch international verständlich. Rajesh schaut mich mit großen Augen an. »Tüffff? Was ist das?«, fragt er.

Ich schicke ein Stoßgebet zum Himmel. Damit hätte ich rechnen müssen. »Etwas, das es in Mumbai vermutlich nicht gibt«, antworte ich. »Fahr langsamer, slowly!«, entscheide ich mich nun doch für Klartext. Immerhin tut der wohlerzogene junge Mann, was man ihm sagt. Aber ich kann schlecht den Rest meines Lebens neben ihm auf dem Beifahrersitz verbringen und ihm ordnungsgemäßes Verhalten im Straßenverkehr vorbeten. Jedenfalls ist das der langfristige Plan.

Als wir an der Balanstraße rechts abbiegen, gerät er fast auf die Verkehrsinsel für die Fußgänger, weil er einen viel zu großen Bogen beschreibt. Zum x-ten Mal greife ich ihm ins Lenkrad. »Rajesh, du musst lenken, wenn wir in eine Kurve fahren! Der Wagen wird nicht automatisch gesteuert.«

»Okääääääy.« Das sagt er so gut wie immer, wenn ich ihm eine Anweisung gebe, und lächelt dabei höflich. Was noch lange nicht heißt, dass er es beim nächsten Mal besser machen wird.

Normalerweise versuche ich, mit ihm weder frühmorgens noch am späten Nachmittag unterwegs zu sein, weil er im Berufsverkehr völlig überfordert ist, doch ab und zu lässt es sich nicht anders einrichten, und ich muss in den sauren Apfel beißen. So wie heute. Auf der Ständlerstraße ist ordentlich was los, dennoch fahren wir fast die erlaubten sechzig Stundenkilometer. Alles ist in Ordnung, ich bin entspannt. Keine drei Sekunden später ist genau das Gegenteil der Fall – dank Rajesh. Als wären wir in einer indischen Großstadt unterwegs und nicht in München, eröffnet er kurzentschlossen eine dritte Spur, indem er sich bei zügigem Tempo einfach zwischen die beiden Autos vor uns schiebt. Der Fahrer rechts von uns starrt mich mit weit aufgerissenen Augen an, der auf der linken Seite lenkt seinen Wagen vor Schreck fast in die Betonmauer.

Beherzt trete ich auf die Bremse und halte das Lenkrad fest. »Was tust du denn da?«, frage ich ihn etwas lauter und ungehaltener als üblich.

»Ooooooh«, erwidert mein Schüler nur, und dann kommt ein Satz, den ich in den letzten Monaten so oft gehört habe, dass mir die Ohren davon bluten. »In Mumbai noooooo problem.« Er grinst zufrieden. »Da alle so fahren. Andere Autos machen Plaaaaatz.«

Dank Rajesh bin ich inzwischen im Bilde, was die Verkehrslage und die Fahrgewohnheiten in der größten Stadt Indiens angehen. In der Metropole finden sich nicht nur Lkw, Pick-ups, Busse und Pkw auf den Straßen, sondern auch unzählige Mopeds, Rikschas, Fahrräder und sogar Fußgänger mit Kühen an der Leine – und das alles mitten auf dem Highway. Dort möchte ich ganz sicher kein Fahrlehrer sein. Nicht, wenn die Stadt dort voll mit Rajeshs ist, die auf die indische Straßenverkehrsordnung allesamt pfeifen, sofern es überhaupt eine gibt. Ich mag ihn gern leiden, den zuvorkommenden Inder, habe ihn in den letzten Monaten sogar ein bisschen ins Herz geschlossen, aber ganz ehrlich: Das wär nichts für mich.

Auf Indiens Straßen, das habe ich mittlerweile verstanden, gilt das Recht des Stärkeren. Alle fahren kreuz und quer durcheinander und quetschen sich irgendwie dazwischen. Fahrbahnmarkierungen gibt es so gut wie keine. Braucht man auch nicht – wozu hat man schließlich eine Hupe? Damit verschafft man sich Platz und Respekt. Auffahrunfälle sind an der Tagesordnung und werden als nicht weiter tragisch eingestuft, zumal sowieso kaum jemand ordentlich versichert ist und für den entstandenen Schaden aufkommen könnte. Ein Auto gilt erst dann als beschädigt, wenn man damit keinen Meter mehr fahren kann, hat Rajesh mir erst neulich verraten. Blechschäden sind weder ein Grund, die Polizei zu rufen, noch, sich aufzuregen oder gar Anzeige zu erstatten.

Kein Wunder, dass er nicht mitkommt, wenn ich ihm was von Verkehrsregeln erzähle. Egal, da muss er genauso durch wie ich durch seine hin und wieder akrobatischen Fahrmanöver. Ausgleichende Ungerechtigkeit nennt man so was, glaub ich.

Rajesh hat mir die Zustände in seiner Heimat mehrfach sehr anschaulich und lebendig geschildert und nicht selten dabei beide Hände vom Lenker genommen, um besser gestikulieren zu können. Trotzdem ist es mir reichlich egal, was die bei ihm zu Hause treiben, und das sage ich ihm auch genau so. »Wir sind nicht in Mumbai, sondern in München«, erkläre ich ihm mit Nachdruck. »Bayern. Germany. Deshalb halten wir uns auch an die deutschen Verkehrsregeln. Ist das klar?«

Er nickt, sichtlich beleidigt, dass ich seinen innovativen Vorstoß mit der dritten Spur nicht zu würdigen weiß. »Klar.«

Wir verlassen die Ständlerstraße und fahren in Richtung Perlach. Etwa dreihundert Meter nachdem wir in einem nicht ganz so großen Bogen wie sonst links abgebogen sind, umklammert Rajesh den Schalthebel immer noch, als könnte das Ding jeden Moment Reißaus nehmen. Dabei wäre mir deutlich wohler, wenn er beide Hände am Lenkrad hätte, wo sie auch hingehören.

Ich deute auf den Hebel. »Keine Angst, der läuft nicht weg. Du kannst ihn jetzt loslassen.«

Da grinst Rajesh nur und sagt: »You neeeeever know.«

Eines muss man dem Mann lassen: Humor hat er. Wenn er nur halb so viel Talent beim Autofahren an den Tag legen würde, wären wir der Prüfung schon einen Riesenschritt näher.

Er legt die Rechte zurück aufs Lenkrad. Obwohl er jetzt eigentlich beide Hände zum Lenken hat, driften wir bedenklich weit in Richtung Gegenfahrbahn ab.

»Rajesh! Der Lastwagen!«

Ein Lkw fährt auf uns zu. Der Fahrer hupt. Rajesh scheint aus seinem Halbschlaf zu erwachen und zieht das Steuer nach rechts. Der Wagen macht einen Schlenker, und wir kommen den parkenden Autos am Straßenrand bedenklich nahe. Ich greife ihm ins Lenkrad, um meinen Blutdruck nicht zu sehr in die Höhe zu treiben. Wenn das so weitergeht, muss ich heute noch zum Arzt.

»An der nächsten Kreuzung dann li…« Ich habe den Satz noch nicht zu Ende gesprochen, da wechselt mein Schüler auch schon die Spur, ohne in die Spiegel zu schauen, vom Blinker will ich gar nicht erst anfangen, und über eine durchgezogene Linie sind wir auch noch gefahren. Um ihn nicht komplett zu überfordern, weise ich ihn bloß auf einen der zahlreichen Fehler hin. »Das war eine durchgezogene Linie«, sage ich. »Und hier in München«, füge ich vorsorglich hinzu, nur für den Fall, dass er mir wieder mit Mumbai kommt, »fährt man da nicht drüber. Wenn uns die Polizei erwischt, wird das teuer.«

Mit großen Augen schaut er mich an – statt auf

die Fahrbahn. Der Mann macht mich noch wahnsinnig!

»Polizei sollen Verbreeeeeecher fangen, nicht Rajesh. Rajesh kein Verbreeeeecher. Rajesh goooood guy.« Er grinst selbstgefällig.

Das ist zu viel des Guten. Nicht nur, dass der untalentierte Mr. Nanda mir schon zahlreiche graue Haare beschert hat, er scheint überhaupt keine Vorstellung davon zu haben, was seine Weigerung, sich zumindest in den entscheidenden Momenten an die Straßenverkehrsordnung zu halten, für ihn bedeutet. »Das kann schon sein, dass du ein netter Kerl bist. Aber so, wie du Auto fährst, bekommst du den Führerschein in zehn Jahren nicht! Wenn du jemals im Leben die Prüfung bestehen willst, dann reiß dich gefälligst zusammen!«

Mit jedem Wort bin ich lauter geworden. Jetzt erst mal tief durchatmen. Mein Geduldsfaden ist höchstens noch einen halben Millimeter dick, lange hält das Ding garantiert nicht mehr. Allerdings muss er das auch nicht, denn die Stunde neigt sich dem Ende zu. Ich denke darüber nach, statt eines Kaffees einen Schlaf- und Nerventee zu trinken. Aber so weit will ich dann doch nicht gehen …

Auf der Heinrich-Wieland-Straße, keine fünf Minuten vom rettenden Ziel entfernt, geraten wir in einen Stau. Mit jeder Grünphase schieben wir uns mühsam ein paar Meter vorwärts, was immerhin den Vorteil hat, dass Rajesh das Zusammenspiel von Gas und Kupplung trainieren kann. Beim zehnten Mal klappt es schon ganz gut (nur sechsmal abgewürgt!), und ich will ihn gerade loben, da wartet schon die nächste

Überraschung auf mich – und wie zu befürchten steht, keine angenehme.

Als die Ampel gelb wird, schiebt sich der Wagen vor uns gerade noch so über die Kreuzung, und Rajesh scheint sich zu denken: Was der kann, das können wir schon lange! Er gibt Gas, und wir fahren hinterher, obwohl die Ampel längst Rot zeigt, und da der Verkehr vor uns stockt, bleiben wir mitten auf der Kreuzung stehen. Die junge Frau im Kombi neben uns scheint mit dem indischen Fahrstil vertraut zu sein, denn sie tut es uns gleich. Damit ist die Kreuzung vollends blockiert.

»Was um Himmels willen veranstaltest du da?«, frage ich Rajesh und hebe entschuldigend die Hand, als von rechts ein Fahrradfahrer angeprescht kommt, der nun wutschnaubend um uns herumkurvt. Inzwischen hat der Querverkehr Grün, und das Chaos ist perfekt. Mehrere Fahrer hupen ungeduldig, rings um uns herum wird gestikuliert und gewettert.

»Fäntääääästic!«, freut sich mein Fahrschüler. »Wie zu Hause.« Er strahlt übers ganze Gesicht und beobachtet den von ihm verursachten Verkehrsknoten.

»Rajesh«, rede ich ihm ins Gewissen, wobei ich versuche, meiner Stimme einen ruhigen Tonfall zu geben, »ich kann verstehen, dass du Heimweh hast. Aber über eine rote Ampel zu fahren, ist ein schwerer Verkehrsverstoß und wird hier nicht als kulturelles Souvenir an die Heimat anerkannt.«

»Sigiiiiii, es ist eine große Spaß!«

Der Kerl hat vielleicht Nerven! »Eine rote Ampel ist keine unverbindliche Empfehlung für den Autofahrer, genauso wenig wie ein Überholverbot oder jedes andere Verkehrsschild. Die stehen da nicht zur Zierde rum oder weil sie so schön leuchten, sondern damit man sie beachtet!«, rede ich mich nun doch in Rage. »In Mumbai kannst du meinetwegen fahren, wie du willst, aber hier geht das nicht.«

Mein Fahrschüler sieht nicht aus, als hätte er den Inhalt meines Vortrags wirklich verstanden.

»Rot heißt Halt«, versuche ich es noch mal in der Kurzform. »Und zwar immer! Kapiert?«

»Okääääy, okääääy«, willigt er schließlich ein, doch ich verwette mein Jahresgehalt, dass er diese Regel bis zur nächsten Fahrstunde wieder vergessen hat.

Als er kurz darauf zum siebten Mal an diesem Tag die Spur wechselt, ohne zu blinken, wiederhole ich die Nummer mit dem rudernden Arm. Zu meinem grenzenlosen Erstaunen lässt Rajesh sich nicht anmerken, ob er weiß, was jetzt kommt. Brav öffnet er das Fenster, streckt den linken Arm raus und bewegt ihn wie geheißen auf und ab. Um ihm einen Denkzettel zu verpassen, beende ich die Aktion diesmal nicht, indem ich ihn das Fenster wieder schließen lasse, sondern warte einfach ab, was passiert.

Keine gute Idee. Denn wenn er nicht gestorben ist, dann rudert er heute noch.

Tipp! Theoretische Prüfung

Unter www.fuehrerscheintestonline.de kann man sich auf die theoretische Prüfung vorbereiten – interessant auch für all jene, die den Führerschein schon länger in der Tasche haben. Na, hättet ihr noch bestanden?

Die kuriosesten Verkehrsregeln aus aller Welt

- Das Mitführen eines Feuerlöschers ist Pflicht für alle in Polen zugelassenen Kraftfahrzeuge.
- In Alabama ist es Autofahrern untersagt, während der Fahrt eine Augenbinde zu tragen.
- Wer in Nevada ein Kamel auf einem Highway ausreitet, verstößt gegen das Gesetz.
- Aufgepasst und mitgezählt beim Parken in Griechenland. Dort gelten nämlich Halteverbotsschilder mit einer senkrechten Linie nur an ungeraden und solche mit zwei senkrechten Linien nur an geraden Tagen.
- Mit einem Auto rückwärts zu fahren, ist in Glendale/Arizona illegal.
- Personen, die älter als achtundachtzig sind, dürfen in Idaho Falls kein Motorrad fahren.
- Taxifahrern in Großbritannien ist es auf allen öffentlichen Straßen verboten, ihr Fahrzeug zu verlassen. Sollten sie ein dringendes Bedürfnis verspüren, dürfen sie laut Gesetz gegen das Heck ihres Fahrzeuges urinieren, solange sich dabei eine Hand am Fahrzeug befindet.
- In Hartford/Connecticut ist es nicht erlaubt, eine Straße im Handstand zu überqueren.
- Führerscheinneulinge dürfen in Frankreich außerhalb geschlossener Ortschaften höchstens achtzig Stundenkilometer schnell fahren, und jeder Fahrzeugführer muss immer einen Einweg-Alkoholtester im Fahrzeug mitführen.

- Aus einem fahrenden Auto heraus Jagd auf Wild zu machen, ist in Tennessee verboten. Auf Wale darf man trotzdem schießen, sollte man zufällig einem begegnen.
- Die Stadt Cleveland in Ohio verbietet per Gesetz, ein Fahrzeug in Betrieb zu nehmen, wenn man dabei auf dem Schoß einer anderen Person sitzt.
- Ein Gesetz des Staates Kansas verlangt, dass alle Fußgänger, die nachts einen Highway überqueren, ein Schlusslicht tragen müssen.
- Vorsicht in Italien: Wer mit 1,5 Promille oder mehr hinterm Steuer seines eigenen Fahrzeugs erwischt wird, dem droht die Enteignung des Fahrzeugs. Sind Halter und Fahrer nicht identisch, hat der Besitzer noch mal Glück gehabt und darf immerhin sein Auto behalten.
- In Baldwin Park/Kalifornien verstößt das Fahrradfahren in einem Swimmingpool gegen das Gesetz.
- In der Schweiz ist es gesetzlich verboten, eine Autotür zuzuknallen.
- In Oklahoma ist es gesetzlich untersagt, am Steuer eines Autos Comics zu lesen. Was sicher nicht heißt, dass Handynachrichten, hohe Literatur oder Pornos erlaubt sind.
- Wer ohne Helm in Italien auf seinem Motorrad oder Roller erwischt wird, muss sehen, wie er nach Hause kommt. Im schlimmsten Fall kann die Polizei bei einem Verstoß gegen die Helmpflicht das Kraftrad für sechzig Tage in Sicherungsverwahrung nehmen.
- Durch fremde Autofenster zu spähen, ist in Milford/Massachusetts per Gesetz verboten.
- Jeder Londoner Taxifahrer ist per Gesetz dazu verpflichtet, im Heck seines Fahrzeuges einen Heuballen aufzubewahren.

- In Denver/Colorado ist es verboten, an Sonntagen schwarz lackierte Autos zu fahren.
- Österreich vertraut auf die gute Sehfähigkeit seiner Polizisten. Geschwindigkeitsüberschreitungen von bis zu dreißig Stundenkilometer kann ein »geschultes Amtsauge« per Schätzung feststellen.
- In Großbritannien sind ausgestellte Strafmandate wegen falschen Parkens nur dann gültig, wenn der Parküberwacher bei der Knöllchenerteilung eine Uniformmütze trägt.
- Autobesitzern in San Francisco ist es strengstens verboten, ihr Gefährt mit gebrauchter Unterwäsche zu polieren.
- Laut einer Verordnung der Stadt Milwaukee/Wisconsin darf auf keiner Straße länger als zwei Stunden geparkt werden, wenn kein Pferd an der Stoßstange festgebunden wird.
- In der chinesischen Stadt Kanton ist Fahrradfahren verboten, Autofahren hingegen erlaubt.

Quelle: ADAC, Uni Mainz, www.janko.at

Rechts ist da, wo der Daumen … wo ist?

Markus

»Oh Mann, ich schaff das nie!« Sandy schlägt mit beiden Händen auf das Lenkrad und tritt derart fest auf die Bremse, dass ihr dunkelbrauner Pferdeschwanz heftig auf und ab wippt.

Das Ganze passiert so schnell und unverhofft, dass ich nicht mehr rechtzeitig die Kupplung treten kann und der Motor absäuft. Der Fahrer in dem SUV hinter uns, der ohnehin schon die ganze Zeit zu dicht aufgefahren ist, drückt genervt auf die Hupe. Zum Glück kommt er trotz des Schneematschs auf der Straße noch zum Stehen. Ein Auffahrunfall hätte mir gerade noch gefehlt.

Ich frage mich, ob er nicht lesen kann, schließlich prangt nicht nur auf dem Dach, sondern auch auf dem Heck unseres blauen Golfs ein weißes Schild mit der roten Aufschrift »Fahrschule«. Der gelbe Schriftzug mit dem Namen meines Arbeitgebers auf sämtlichen Türen inklusive Kofferraum ist ebenfalls unübersehbar. Aber gut, der genervte Herr hinter uns ist nicht der Einzige, dem ich wahlweise eine neue Brille oder einen Alphabetisierungskurs empfehlen würde, denn er ist mit seiner Rücksichtslosigkeit durchaus in guter Gesellschaft.

»Nicht stressen lassen, Sandy. Der Typ kann warten«, sage ich, als ich merke, dass der ungeduldige Verkehrsteilnehmer, der dringend etwas gegen seinen zu hohen Blutdruck unternehmen sollte, sie komplett aus der Bahn wirft. »Kupplung treten, ersten Gang einlegen, Motor starten. Blick in den Rückspiegel, Gas geben und dabei die Kupplung vorsichtig kommen lassen«, erkläre ich ihr noch mal die nötigen Schritte zum Anfahren, als wären wir in der allerersten Fahrstunde. Dann füge ich hinzu: »Wir fahren doch besser geradeaus.«

Von der ersten Fahrstunde ist Sandy in etwa so weit entfernt wie DSDS vom Grimme-Preis oder Nordkorea von freien Wahlen. Noch dazu ist dies unsere letzte Übungseinheit vor der praktischen Prüfung, die morgen Vormittag stattfinden soll. Die Theorie hat die Tierarzthelferin vor knapp zehn Tagen im ersten Anlauf mit null Fehlern bestanden, und dank eines kleinen Tricks ist die Achtzehnjährige eigentlich auch für die Praxis prüfungsreif. Eigentlich…

Uneigentlich stehen wir gerade an einer Kreuzung in dem Wohngebiet, in dem sich die Truderinger Filiale der Fahrschule befindet, und schaffen es nicht mal, einfach nur rechts abzubiegen. Einfach nur rechts – das klingt nicht allzu schwer, und normalerweise ist das auch eine durchaus lösbare Aufgabe. Aber was ist schon normal? Erst recht(s) bei Sandy.

Sie stellt sich insgesamt nicht ungeschickt an, und von einer verminderten Auffassungsgabe kann man bei ihr – im Gegensatz zu manch anderem – auch nicht reden. Doch dieser Blackout ist nicht ihr erster und wird vermutlich auch nicht der letzte sein, denn die Tierarzthelferin hat ein nicht ganz unbedeutendes Problem, das ihr morgen bei der gefürchteten Prüfung durchaus einen Strich durch die Rechnung machen könnte.

Während ich Sandy noch eine ganze Weile geradeaus fahren lasse, bis sie sich wieder gefangen hat, muss ich an unsere dritte oder vierte gemeinsame Fahrstunde vor etwa zehn Wochen zurückdenken.

Es sollte eine Premiere werden. Zum ersten Mal wollte nicht ich an der Fahrschule losfahren, um den Wagen auf den Parkplatz zu steuern, wo wir Halten und Anfahren übten, sondern sie. Da unsere Bürokraft mich auf dem Weg zum Wagen noch mal kurz zurückrief, um eine Frage wegen eines abgesagten Termins zu klären, drückte ich Sandy den Schlüssel in die Hand und sagte zu ihr: »Geh schon mal vor und setz dich ins Auto. Ich komme dann gleich nach.« Und mit einem Zwinkern fügte ich hinzu: »Heute aber gleich auf die linke Seite, okay?«

Als ich drei Minuten später die Tür auf der Beifahrerseite aufriss, um einzusteigen, hätte ich Sandy fast meinen heißen Kaffee, den ich mir schnell noch aus der Maschine gelassen hatte, über den Schoß geschüttet. Sie saß nämlich nicht etwa, wie erwartet, hinterm Lenkrad, sondern auf meiner Seite.

»Was machst du da?«, fragte ich völlig perplex.

Sie sah mich irritiert an. »Äh… auf dich warten?«

»Ach so.« Darauf wäre ich jetzt nicht gekommen. »Ich meinte, was machst du auf meinem Platz?«

Sandy verstand die Welt nicht mehr. »Aber…«

»Üblicherweise sitzt der Schüler auf der Fahrerseite und der Lehrer auf dem Beifahrersitz. So lernt es sich besser Auto fahren«, erklärte ich und konnte mir ein Grinsen nicht verkneifen.

»Wieso? Du hast doch gesagt, dass ich mich auf der linken Seite ins Auto setzen soll. Oder etwa nicht?«

»Stimmt, das habe ich.«

»Na also!« Sandy schien zufrieden.

Ich nicht, daher startete ich einen weiteren Versuch. »Wieso sitzt du dann rechts?«, fragte ich und sah sie an, ehrlich gespannt auf ihre Antwort.

Statt etwas darauf zu sagen, lief meine Fahrschülerin knallrot an und stieg hektisch aus, wobei sie mich beinahe umgerannt hätte, so eilig hatte sie es, aus dem Wagen zu kommen. Noch immer ohne ein Wort ließ sie sich auf den Fahrersitz fallen und wartete, bis ich eingestiegen war.

»Geht's jetzt endlich los, Markus?«, sagte sie dann.

»Klar!« Offensichtlich war ihr der Fauxpas so peinlich, dass sie nicht weiter darüber reden wollte. Also tat ich es auch nicht, sondern legte mit der Fahrstunde los.

Nachdem Sitz und die Spiegel eingestellt waren und ich ihr noch einmal in Ruhe erklärt hatte, wie man auf rutschiger, leicht schneebedeckter Fahrbahn anfährt, startete sie den Motor, und wir zuckelten durch die Anwohnerstraße, in der die Fahrschule liegt. Wir übten ein paarmal Anfahren und Bremsen, bis sie es auch ohne meine Hilfe ebenso sicher beherrschte wie zuvor auf dem Parkplatz, dann ließ ich sie ein längeres Stück geradeaus fahren. Sandy stellte sich richtig gut an und manövrierte den Golf souverän an den abwechselnd rechts und links geparkten Autos vorbei. Sogar der Kaffee landete trotz einiger abrupter Bremsversuche in meinem Magen und nicht auf der Hose.

Alles lief bestens – jedenfalls für die nächsten sechshundert Meter. Genau genommen, exakt so lange, bis ich sagte: »An der nächsten Kreuzung biegen wir dann nach rechts ab.« Ich erklärte ihr, worauf sie zu achten und was sie zu tun habe, vom Runterschalten über den Blick in Innen- und Außenspiegel, das Blinkersetzen und den Schulterblick bis hin zur Beobachtung des fließenden Verkehrs auf der Vorfahrtsstraße, auf die wir abbiegen wollten. Mitten im Redefluss fiel mein Blick auf das Blinkersymbol im Armaturenbrett, und ich stutzte. »Was machst du da?« Offensichtlich war das heute mein Standardsatz.

»Ich blinke«, lautete die Antwort.

Damit hatte sie nicht unrecht. Doch es war nicht genau das, was ich hören wollte, daher wurde ich etwas konkreter. »In welche Richtung blinkst du denn?«

Erst ein unsicheres Zögern, dann sagte Sandy mit Nachdruck: »Nach rechts!«

Meine Augen wanderten noch einmal zum Armaturenbrett. Es bestand kein Zweifel: Das linke Blinkersymbol leuchtete rhythmisch auf.

Inzwischen waren wir kurz vor der Kreuzung angekommen, und Sandy hatte allem Anschein nach komplett den Überblick verloren. Sie tastete sich im Schritttempo vorwärts, dabei sah sie panisch nach rechts und nach links, fuhr sich mit einer zitternden Hand durch den dunklen Pony und bekam komische rote Flecken am Hals. Gefahr in Verzug! Ich musste die Taktik ändern.

Mit einem Blick in den Spiegel versicherte ich mich, dass niemand hinter uns war, und trat auf Kupplung und Bremse. Gemeinsam fuhren wir wieder an und überquerten die Vorfahrtsstraße, statt abzubiegen. Danach ließ ich sie rechts ranfahren (das immerhin funktionierte problemlos) und den Motor ausschalten. Zum Glück gibt es in dieser Seitenstraße tagsüber jede Menge freie Parkplätze, sodass wir nicht rangieren mussten.

»Sandy«, sagte ich gedehnt und drehte mich zu ihr um, »du weißt schon, wo rechts und links ist?«

Sie nickte erst zögerlich, um dann heftig den Kopf zu schütteln. »Na ja, nicht immer«, gab sie kleinlaut zu. Noch ehe ich etwas darauf sagen konnte, blaffte sie: »Und jetzt komm mir bloß nicht mit blöden Sprüchen wie ›Rechts ist da, wo der Daumen links ist‹ und so. Dann steige ich gleich aus.«

»Hiergeblieben!«, sagte ich mit gespieltem Ernst. »Bei mir springt keiner während der Fahrstunde aus dem Auto, schon gar nicht bei minus fünf Grad. Aber jetzt noch mal von vorn und zum Mitschreiben: Du kannst dir das echt nicht merken? Auch nicht mit Tricks wie einem Bändchen um das Handgelenk oder einem bunt angemalten Daumen und so?«

Sie zuckte die Schultern. »Leider nein. Das hab ich alles schon probiert. Nach einer Weile komme ich trotzdem wieder durcheinander.«

»Du meinst, wenn ich rechts sage, fährst du nach links, und umgekehrt?«, hakte ich nach und glaubte, das Problem erfasst zu haben.

»Dann wär's ja einfach!«, rief sie und holte mich auf den Boden der Tatsachen zurück. »Aber so ist es nicht. Manchmal verwechsele ich die Richtungen, dann wieder nicht. Ein andermal weiß ich überhaupt nicht mehr, was wo ist, und stehe da wie bestellt und nicht abgeholt. Am schlimmsten ist es, wenn ich nervös oder aufgeregt bin, dann klappt gar nichts mehr.«

Dass ich an Sandys letzten Satz noch öfter erinnert

werden würde, als mir lieb war, konnte ich an jenem trüben Wintertag noch nicht wissen. In dieser sowie den nächsten Fahrstunden lösten wir das Problem, indem ich bei jedem Abbiegevorgang mit dem Zeigefinger in die Richtung deutete, in die Sandy fahren sollte. Damit war sie zwar jedes Mal kurz abgelenkt und musste von der Fahrbahn auf meine Hand schielen, aber es klappte erstaunlich gut.

Da sie sich sonst ganz geschickt anstellte, machte sie trotz der oft widrigen Witterungsbedingungen schnell Fortschritte, und wir konnten bald schon die Sonderfahrten hinzunehmen. Auf der Autobahn und bei der Überlandfahrt schlug sie sich tapfer, doch spätestens bei der Nachtfahrt standen wir wieder vor dem alten Problem. Da sie im Dunkeln meine Handzeichen nicht sehen konnte, musste ich auf verbale Kommandos ausweichen, und schon saß Sandy wieder richtig in der Tinte.

Ich behalf mir an diesem Tag mit zweierlei: Zum einen lotste ich sie schnell aus der Stadt und ließ sie viel über Land und damit geradeaus fahren, zum anderen korrigierte ich sie, sobald sie falschlag. Wenn sie statt nach rechts wieder mal nach links abbiegen wollte, sagte ich einfach: »Sandy, wir nehmen das andere Links.« Oder: »Wie wär's heute mal mit dem linken Rechts?« Damit meisterten wir auch diese Hürde.

So weit, so gut. Doch je besser sie fuhr, desto häufiger mussten wir an die praktische Prüfung denken und uns etwas einfallen lassen, um ihr Problem in den Griff zu bekommen. Gebessert hatte sich entgegen meiner anfänglichen Hoffnung nämlich nichts. So sicher und souverän Sandy dank meiner Handzeichen auch unterwegs war, sobald ich die Gesten wegließ, wurde meine Fahrschülerin hektisch. Je nach Verkehrslage und Stresslevel steigerte sich ihre anfängliche Nervosität allmählich zu regelrechter Hilflosigkeit, die in einem absoluten Blackout ihren traurigen Höhepunkt fand. Dann ging gar nichts mehr, manchmal sogar noch nicht mal geradeaus Fahren. So hatte sie keine reelle Chance, den Führerschein in absehbarer Zeit in der Hand zu halten, denn als Fahrlehrer darf ich während der Prüfungsfahrt weder verbal eingreifen noch sonst wie helfen, da der Schüler dann sofort durchfällt. Sobald der berüchtigte Summton ertönt, weil ich eines der Pedale auf meiner Seite benutze, oder wenn ich ins Lenkrad fassen muss, ist die Prüfung vorbei. Selbst ein Husten oder Räuspern kann als Hilfe fehlinterpretiert werden. Manche Prüfer reagieren schon bei Sätzen wie »Bleib ruhig«, »Atme erst mal tief durch« oder »Überleg doch mal« allergisch und werten diese als Eingriff. Da muss man höllisch aufpassen.

Doch so schnell gebe ich nicht auf. Ich bin bei jedem meiner Schüler mit ganzem Herzen dabei und tue alles – jedenfalls alles, was erlaubt ist –, um ihm zu helfen.

Sandy und ich mussten uns also etwas anderes ausdenken. Schließlich kamen wir darauf, dass sie jeweils kurz mit der rechten Hand wackeln sollte, bevor sie nach rechts abbog, und mit der linken, wenn es in die andere Richtung ging. Bewegte sie die falsche Hand, rieb ich mir übers linke Knie, und sie wusste, wann sie welchen Blinker setzen musste. Nach drei Fahrstunden hatten wir das System perfektioniert, und ich war zuversichtlich, dass sie die Prüfung schaffte, ohne die beiden Seiten zu verwechseln. Also fragte ich sie, ob sie es sich zutraute, und meldete sie an. Wie üblich vereinbarten wir am Tag vor dem großen Ereignis eine hoffentlich finale Fahrstunde »unter Prüfungsbedingungen«, um den Ernstfall ein letztes Mal zu üben.

Wie heißt es so schön? Auf eine verpatzte Generalprobe folgt eine gelungene Premiere. Das sage ich nun auch zu Sandy, die sich inzwischen wieder gefangen hat und alles dafür tun will, um ihre letzte Fahrstunde doch noch zum Guten zu wenden. Das nächste Stoppschild meistert sie mit Bravour, und auch vor den vielen kleinen Seitenstraßen in der Tempo-Dreißig-Zone, in der ausnahmslos rechts vor links gilt, bremst sie jedes Mal ordnungsgemäß ab und schaut in meine Richtung. Rechts vor links – das ist ja schon für viele Normalsterbliche schwer zu verstehen (und noch schwerer zu praktizieren, wie man in all den verkehrsberuhigten Wohngebieten in ganz Deutschland tagtäglich erleben darf). Wie jedoch muss es für jemanden wie Sandy sein, der rechts und links nicht auseinanderhalten kann?

Auch hier behelfen wir uns mit einem Trick: Sie muss an jeder Querstraße, an der kein Vorfahrts- oder Vorfahrt-gewähren-Schild steht, abbremsen und auf meiner Seite in die Straße reinschauen. So habe ich es ihr jedenfalls beigebracht, ohne dabei die Wörter »rechts« und »links« in den Mund zu nehmen. Und tatsächlich konnte sie es sich so bereits in der ersten Stunde, in der wir es geübt hatten, merken. Der Weg bis zu der unausgesprochenen Regel »Lass den vor, der von Markus' Seite kommt« war dann nicht mehr weit.

Als Sandy knapp dreißig Minuten später direkt vor der Fahrschule nahezu perfekt rückwärts einparkt, strahlt sie übers ganze Gesicht. »Wenn's morgen auch so läuft, bin ich auf der sicheren Seite«, sagt sie und nimmt ihre randlose Brille ab.

Wie war das noch mit der verpatzten Generalprobe und der gelungenen Premiere? Gilt das auch für den umgekehrten Fall?

Die Bedingungen für den nächsten Tag sind jedenfalls günstig, denn es ist relativ mild für Ende März, und der Schnee, der letzte Woche noch für ein mittleres Verkehrschaos gesorgt hat, ist so gut wie weggetaut. Die Hauptstraßen sind alle frei, und da Osterferien sind, ist auch nicht allzu viel los, was gerade im Berufsverkehr deutlich zu spüren ist.

Ich klopfe meiner Schülerin aufmunternd auf die Schulter. »Mach dir keine Sorgen, alles wird gut. Das schaffst du mit links!« Dann grinse ich und füge hinzu: »Kleiner Scherz am Rande.«

Sie lacht. »Haha! Pass bloß auf, sonst zeig ich dir meinen rechten Haken.« Dann schnallt sie sich ab und steigt aus.

Nachdem ich ihr noch routinemäßig davon abgeraten habe, heute Abend Schlaftabletten zu nehmen oder sich am Morgen der Prüfung mit Beruhigungstabletten selbst außer Gefecht zu setzen, verabschieden wir uns. Man sollte nicht glauben, wie viele Menschen zu solchen Mitteln greifen, in der Hoffnung, so ihre Nervosität in den Griff zu bekommen. Allerdings tun sie sich keinen Gefallen damit, denn nicht selten schränken die Medikamente die Reaktionsfähigkeit ein und schaffen so ein neues Problem. Die Prüfungsangst mag dann zwar nicht mehr ganz so groß sein, doch die Aufmerksamkeit ist es auch nicht – und im Zweifelsfall ist Letzteres deutlich schlimmer.

Während Sandy zur knapp einhundert Meter entfernten Straßenbahnhaltestelle hinübergeht, wende ich mich meinem nächsten Schüler zu, einem siebzehnjährigen Lehrling, der schon ungeduldig auf mich wartet. Ich kann mir gerade noch einen Kaffee holen, dann geht es auch schon weiter. Um die Osterzeit ist, wie in allen Schulferien, immer besonders viel los bei uns, und mein Terminkalender ist heute wie auch in den nächsten beiden Wochen bis oben hin voll. Ich bin den ganzen Tag über so beschäftigt, dass ich Sandy und ihre Rechts-Links-Schwäche komplett vergesse.

Erst am nächsten Morgen, als ich wie vereinbart um Viertel vor acht Uhr in der Fahrschule in München-Trudering auf meine Schülerin warte, fällt mir ihr Problem wieder ein, und ich hoffe, dass sie heute einigermaßen cool bleibt. Wo sie nur steckt? Für acht Uhr ist die Prüfungsfahrt angesetzt, der Prüfer ist auch schon da und unterhält sich gerade mit meinem Chef. Ich gehe noch mal vor die Tür, um eine zu rauchen, und spähe in Richtung der Straßenbahnhaltestelle. Die Bahn ist angekommen und spuckt eine Handvoll Fahrgäste aus, aber von Sandy ist weit und breit nichts zu sehen. Sie war noch nie unpünktlich, und allmählich beginne ich mir Sorgen zu machen, denn das passt so gar nicht zu ihr. Seltsam.

Ich werfe einen Blick auf mein Handy, das keine entgangenen Anrufe anzeigt, und lasse mir noch einen Kaffee aus dem Automaten, wie immer schwarz. Es ist mein fünfter am heutigen Morgen, damit liege ich gut im Schnitt. Ohne Kaffee geht bei mir nämlich gar nichts. Mein erster Gang führt mich morgens zur Kaffeemaschine, und bis ich das Haus verlasse, habe ich meist schon drei Tassen intus. Essen kann ich so früh nichts, dafür jedoch reden wie ein Wasserfall – nicht selten zum Leidwesen meiner Mitmenschen.

Jetzt aber fehlen mir die Worte. Wo ist Sandy? Das darf doch nicht wahr sein, sie weiß genau, dass sie sich mit ihrem Zuspätkommen die Prüfung verbockt. Ich will gerade wieder reingehen und den Prüfer in ein Gespräch verwickeln, da stürmt meine Schülerin um die Ecke – mit nassen Haaren und völlig außer Atem. Es ist drei Minuten vor acht. Himmelherrgott, dieses Mädchen treibt mich noch in den Wahnsinn!

»Sorry, Markus, ich hab verpennt«, ruft sie mir schon aus ein paar Metern Entfernung entgegen und japst nach Luft. »Ich habe mir gestern vor dem Schlafengehen noch zwei Flaschen warmes Bier reingezogen«, erklärt sie, als sie vor mir steht. »Meine beste Freundin hat gesagt, das wirkt garantiert – und leider hatte sie recht. Heute früh hab ich doch glatt den Wecker nicht gehört. Meine Mum hat mich gerade noch rechtzeitig geweckt.«

Ich schüttele den Kopf und schiebe sie in die Fahrschule. Warmes Bier? Mein lieber Scholli, auf welche Ideen manche Leute so kommen… Immerhin dürfte der Restalkohol mittlerweile abgebaut sein.

Der Prüfer hat gerade seinen Kaffee ausgetrunken, den unsere Sekretärin ihm gemacht hat, und begrüßt Sandy freundlich. Über ihren Aufzug verliert er ebenso wenig ein Wort wie darüber, dass sie erst noch ihre Prüfungsgebühr bezahlen muss, ehe er sie unter seine Fittiche nehmen kann.

Normalerweise bestellen wir die Schüler eine Viertelstunde vor Prüfungsbeginn in die Fahrschule, damit sie in Ruhe ihre Rechnung begleichen und die Prüfungsbestätigung unterschreiben können. Meist müssen sie auch noch mal zur Toilette oder wollen etwas trinken. All das sollte erledigt sein, bis der Prüfer eintrifft, damit die Fahrt pünktlich beginnen kann. Schließlich herrscht an Prüfungstagen immer ein straffer Zeitplan, und wenn es zu Verzögerungen kommt, ist das für alle Beteiligten unangenehm.

Sandy hat Glück, denn der Prüfer lässt sie vor dem Losfahren noch eine »Abfahrtkontrolle Licht« durchführen. Dazu muss sie vor seinen Augen sämtliche Leuchtquellen am Auto auf ihre Funktionstüchtigkeit überprüfen, und zwar von den Blinkern sowie Stand-, Abblend-, Rück- und Fernlicht über die Nummernschildbeleuchtung bis hin zum Bremslicht. Souverän meistert meine Schülerin die Aufgabe, was mich jedoch nicht wundert, denn in Theoriefragen ist sie einfach top. Ich hoffe, dass ihr der gelungene Auftakt die nötige Gelassenheit gibt, und setze mich auf den Beifahrersitz. Dann sind wir endlich so weit.

Leider geht mein innigster Wunsch nicht in Erfüllung, denn Sandy ist sichtlich nervös und umklammert das Lenkrad mit beiden Händen, als wollte sie es in zwei Teile zerlegen. Trotzdem fährt sie ruhig an und hält sich auch an die Geschwindigkeitsbegrenzung von dreißig Kilometern pro Stunde, die hier im Wohngebiet gilt. Kurz vor der T-Kreuzung am Ende der Straße halte ich zum ersten Mal die Luft an, als der Prüfer sagt: »Da vorne fahren wir dann bitte links weiter.«

Ich atme erst aus, als wir tatsächlich in die richtige Richtung abgebogen sind, und zwar unter Beachtung aller Vorfahrtsregeln, sprich rechts vor links. Dass meine Schülerin über Nacht nicht gelernt hat, die beiden Begriffe auseinanderzuhalten, ist mir klar. Aber noch befinden wir uns auf unserer Hausstrecke, und gleich nach dem Linksabbiegen wartet ein Stoppschild auf uns, das so gut wie kein Prüfer auslässt. Sandy kennt den Weg also im Schlaf und hat instinktiv alles richtig gemacht.

Das war's dann aber – leider – auch schon.

Aus den Augenwinkeln sehe ich, dass ihre Hände mit jedem zurückgelegten Meter mehr zu zittern beginnen, bis es aussieht, als hätte sie eine Nacht bei minus drei Grad im Starnberger See hinter sich. An der nächsten Querstraße schickt der Mann auf der Rückbank uns nach rechts in Richtung Autobahn, und ich merke, wie sich Sandy noch mehr verkrampft, obwohl das kaum möglich ist. Gleich reißt sie das Lenkrad aus der Verankerung, ich bin mir ganz sicher!

Jetzt kommt es auf unseren Trick an. Ich starre mit so wildem Blick auf ihre Hände, dass meine Augen schmerzen, dennoch kann ich beim besten Willen nicht erkennen, mit welcher Hand sie nun wackelt. Ihre Finger zittern so heftig, dass ich daraus nicht schließen kann, in welche Richtung sie abbiegen will.

Sandy weiß ganz offensichtlich auch nicht, wo es langgeht, und entscheidet sich spontan für die falsche Möglichkeit. Immerhin setzt sie den Blinker und vergisst auch nicht, in Rück- und Seitenspiegel zu sehen; sie denkt sogar an den Schulterblick. Mehr kann man von ihr in dieser Situation nun wahrlich nicht verlangen. Na ja, bis vielleicht auf nach rechts abbiegen, wenn rechts angesagt ist…

Während ich die Schweißperlen auf meiner Stirn zähle, bleibt der Prüfer gelassen und versucht uns wieder zurück auf die von ihm gewählte Strecke zu lotsen, nämlich auf die Autobahn. Nachdem Sandy zum dritten Mal falsch abgebogen ist, wobei sie jedes Mal alles richtig gemacht hat, abgesehen von der Richtung, hat der Prüfer das Problem erkannt. Er könnte die ganze Angelegenheit an diesem Punkt für beendet erklären, stattdessen ändert er einfach seine Taktik. Offensichtlich hat er Verständnis für Menschen mit Rechts-Links-Schwäche, denn er lächelt bloß und schickt Sandy an der nächsten Kreuzung in die falsche Richtung. Mit dem Ergebnis, dass sie prompt wieder falsch – also richtig! – abbiegt und wir kurz darauf die Autobahn erreichen.

Der Rest der Prüfung ist dann kein Problem mehr – zum einen, weil es auf der Autobahn wenige Möglichkeiten gibt, rechts statt links abzubiegen, zum anderen, weil Sandy mit jedem Kilometer, den sie geradeaus zurücklegt, an Souveränität und Sicherheit zurückgewinnt. Fünfundvierzig Minuten später überreicht ihr der Prüfer tatsächlich die heiß ersehnte Plastikkarte mit ihrem Foto darauf. Ihre Hände zittern noch immer, diesmal allerdings vor Freude.

Ich dagegen brauche jetzt erst mal einen Beruhigungskaffee.

Tipp! **Prüfung wiederholen**

Don't worry: Sowohl für die theoretische als auch für die praktische Prüfung gibt es kein Wiederholverbot, auch wenn etliche Gerüchte das Gegenteil behaupten. Man muss nicht, wie ein urbaner Mythos gerne verbreitet, irgendwann zur Medizinisch-Psychologischen Untersuchung (MPU), wenn man zu oft durch die Prüfung rasselt, und auch die ehemals geltenden Sperrfristen zwischen den einzelnen Versuchen sind längst abgeschafft. Wer die Prüfung (egal welche) nicht besteht, muss zwei Wochen warten, danach kann er sein Glück erneut versuchen.

Der einzige Haken an der Sache: Mit der Zeit wird's teuer, weil zu den erneuten Prüfungsgebühren auch weitere Fahrstunden kommen. Außerdem darf zwischen der bestandenen Theorie und der praktischen Prüfung nicht mehr als ein Jahr liegen, andernfalls muss die theoretische Prüfung wiederholt werden.

Quelle: www.bussgeldkatalog-mpu.de

info

Top Ten der kürzesten Fahrprüfungen aller Zeiten

Platz 10: 5 Minuten

Stoppschild, rechts vor links, haltender Schulbus mit eingeschalteter Warnblinkanlage – und das alles gleich in den ersten vier Minuten der Fahrprüfung. Souverän meisterte ein Prüfling aus Dortmund die heiklen Situationen, als ihm ausgerechnet seine Mutter einen Strich durch die Rechnung machte. Sie wollte ihm noch schnell alles Gute für die Prüfung wünschen und rief ihn auf seinem Handy an.

Als es klingelte, nahm der Siebzehnjährige eine Hand vom Lenkrad, kramte in seiner Hosentasche und beantwortete den Anruf. Der Fahrlehrer übernahm das Steuer, lenkte den Wagen an den Straßenrand und schaltete den Motor aus. Kein Anschluss unter dieser Nummer!

9. Platz: 3 Minuten

An der Kreuzung am Ende der Straße, in der die Prüfungsfahrt in München begann, befand sich ein Stoppschild. Die nervöse Fahrschülerin, die nahezu in jeder Fahrstunde über diese Kreuzung gefahren war, missachtete vor Aufregung das Schild und war so nach nur fünfhundert Metern durchgefallen. Weil es so schön war, machte sie in der zweiten Prüfung denselben Fehler gleich noch mal. Doppelt genäht hält bekanntlich besser.

8. Platz: 2 Minuten

In Hamburg startete ein Fahrschüler zu Beginn der Prüfung den Motor, legte den ersten Gang ein und gab Gas. Als sich der Wagen nicht vom Fleck bewegte, gab er immer mehr Gas, bis der Motor aufheulte. Der freundliche Prüfer half ihm mit dem Tipp auf die Sprünge, die Handbremse zu lösen. Das tat der Schüler dann zwar, gab aber immer noch Vollgas. Der Beetle schoss los. Unglücklicherweise direkt auf eine Reihe parkender Autos zu.

In letzter Sekunde verhinderte der Fahrlehrer einen Unfall, indem er voll auf die Bremse trat – und beendete damit nach gerade mal drei Minuten die Prüfung.

Quelle: Hamburger Abendblatt

7. Platz: 1 Minute

Alles fing so gut an, und dann das: In Berlin bekam eine Fahrschülerin eine knappe Minute nach dem Losfahren einen so starken Niesanfall, dass sie beide Hände vom Steuer nahm und gleichzeitig eine Vollbremsung hinlegte. Beinahe wäre das nachfolgende Fahrzeug aufgefahren, und so händigte ihr der Prüfer nur ein Taschentuch aus statt des ersehnten Führerscheins.

6. Platz: 50 Sekunden

Kaum hatte die Fahrprüfung in München begonnen, ertönte ein Martinshorn. Kurz darauf kam ein Krankenwagen von hinten angerast. Statt bis zur zwanzig Meter entfernten Einfahrt eines Supermarktes zu fahren, riss die überforderte Fahrschülerin das Steuer nach rechts und hätte einem parkenden Auto den Spiegel abgefahren, wenn der Fahrlehrer nicht eingegriffen hätte. Damit war zwar der Weg für die Sanitäter frei, die Prüfung jedoch gelaufen.

5. Platz: 30 Sekunden

Eine Fahrschülerin aus Rheinland-Pfalz sollte zu Beginn ihrer Motorradprüfung aus der Parklücke fahren. Vorsichtig fuhr sie an und hatte den Lenker bereits eingeschlagen, als von links plötzlich ein Radfahrer angeschossen kam. Sie erschrak und bremste scharf. Prompt kippte die Maschine, und die junge Frau lag Sekunden später darunter. Fahrlehrer und Prüfer halfen ihr zwar beim Aufstehen, den Führerschein bekam sie für die Stunteinlage allerdings nicht.

4. Platz: 10 Sekunden
Das Anfahren klappte noch, dann ging bei einer Führerscheinprüfung in Südkorea aber alles schief. Die Fahrschülerin lenkte unmittelbar nach dem Anfahren abrupt nach links, trat auf das Gas statt auf die Bremse, schoss eine Böschung hinauf und legte den Wagen nach nur zehn Sekunden aufs Dach.

»Oje, was machen wir denn jetzt?«, fragte sie den schockierten Fahrlehrer.

Seine Antwort ist nicht überliefert, aber vermutlich sagte er: »Aussteigen und die Prüfung wiederholen.«

Quelle: heute.at

3. Platz: 7 Sekunden
Der Wagen, mit dem die Prüfungsfahrt in München stattfinden sollte, war direkt vor der Fahrschule am rechten Straßenrand abgestellt. Auf der linken Seite neben der Fahrbahn fließt der Hachinger Bach, der dem Fahrschüler nach nur wenigen Sekunden zum Verhängnis werden sollte. Er rutschte beim Anfahren von der Kupplung, der Wagen schoss nach links und wäre im Bachbett gelandet, hätte der Fahrlehrer nicht gebremst. Für die Aktion gab's natürlich keinen Führerschein.

2. Platz: 3 Sekunden
Der nervöse Fahrschüler stürmt vor den Augen von Prüfer und Fahrlehrer auf das Motorrad zu, steckt den Schlüssel ins Zündschloss, umfasst mit beiden Händen den Lenker, hebt mit zu viel Schwung das rechte Bein ... und reißt im Aufsitzen die Maschine um. Prüfung beendet.

1. Platz: 0 Sekunden
Eine Münchnerin konnte die Fahrprüfung gar nicht erst antreten, da sie nicht in der Lage war, vor dem Losfahren die Handbremse zu lösen. Der Schüler vor ihr, übrigens ihr eigener Freund, hatte die Bremse vor Erleichterung über die bestandene Prüfung

derart fest angezogen, dass die Frau sie keinen Millimeter bewegen konnte. Nur zu gerne hätte der Fahrlehrer ihr geholfen, durfte jedoch nicht eingreifen. Und der Prüfer war an dem Tag wohl besonders mies oder streng drauf, denn er ließ sie wieder aussteigen und meinte: »Tut mir leid, ich kann Ihre Fahrfertigkeiten heute nicht beurteilen.« Damit war nicht nur die Sache mit dem Führerschein gelaufen, sondern kurz darauf auch die Beziehung …

Die Balancekünstlerin

Sigi

Motorradausbildung im Hochsommer ist echt okay, wenn der Fahrschüler vor mir über die Landstraße fährt und ich dank Klimaanlage bei geschmeidigen neunzehn Grad in meinem Auto sitze und etwas Kaltes zu trinken dabeihabe. Nicht ganz so okay ist es, wenn ich bei tropischen Temperaturen auf den Übungsplatz in der Nähe der Trabrennbahn in Daglfing muss, um mit meinem Schützling Grundfahraufgaben zu üben. Fast schon das Gegenteil von okay ist es jedoch, wenn ich so wie heute noch dazu eine blutige Anfängerin vor mir habe.

Nur damit hier kein falscher Eindruck entsteht: Ich habe nichts gegen Frauen, die Motorrad fahren wollen. Wirklich nicht. Nur warum müssen sich eins siebenundfünfzig große Fünfundvierzig-Kilo-Leichtgewichte unbedingt auf eine gut fünfmal so schwere Maschine setzen? Meist kommen sie mit ihren winzigen Füßchen ja nicht mal richtig auf den Boden, sondern touchieren gerade so mit den Zehenspitzen den Asphalt. Dabei gibt es wirklich schöne Vespas …

Die meisten Fahrschülerinnen kämpfen in den ersten Fahrstunden vor allem mit dem Gleichgewicht, und im schlimmsten Fall wirft mir so eine angehende Motorradbraut die Maschine pro Fahrstunde ganze viermal um, so wie vor Kurzem eine der zahlreichen Balancekünstlerinnen, die hier pro Saison durch meine harte, aber herzliche Schule gehen.

Ich leide dann nicht nur bei jedem einzelnen Sturz mit der BMW F 650 CS, die dank der Sturzbügel nicht allzu viele Kratzer davonträgt, sondern auch selbst. Schließlich darf ich die Lady bei vierunddreißig Grad im Schatten jedes Mal unter dem Ding hervorziehen und die zweihundertzwanzig Kilo (die fünfundvierzig Kilo der Fahrschülerin nicht mitgerechnet) wieder hochwuchten. Den Bruchpilotinnen, die im Einzelfall schon mal mehr Erdanziehungskraft haben als Fallobst, passiert bei diesen Stürzen zum Glück meistens nichts, weil wir die Schüler ohne komplette Schutzkleidung grundsätzlich nicht aufs Motorrad lassen.

Marie erwartet mich heute vorschriftsmäßig in einer schwarzen Lederkombi mit Stiefeln, Integralhelm und Handschuhen – sicher nicht sehr angenehm bei den Temperaturen, aber notwendig. Sehr gut, denke ich, das läuft ja wie geschmiert.

Weit gefehlt. Die Klamottenfrage ist zwar vom Tisch, aber als ich Marie nach der Begrüßung mit dem Nierengurt und dem Funkgerät auch den Schlüssel für die BMW in die Hand drücke, ernte ich einen entgeisterten Blick.

»Wie? Ich soll selbst fahren?«, fragt sie mich allen Ernstes.

Ich verschlucke mich fast an meiner Apfelschorle. »Na klar, wozu zahlst du denn sonst Geld?«

Fragen gibt's, die gibt's gar nicht.

»Meinst du wirklich, dass ich das kann, Sigi?«, kommt gleich die nächste. »Heute ist doch erst meine zweite Stunde.«

Ich atme tief durch. Das fängt ja gut an! Wenn ich jeden einzelnen Schritt vorab ausdiskutieren wollte, bevor ich ihn tue, wäre ich Philosoph geworden. Ich bin aber Fahrlehrer und will Leuten das Fahren beibringen, nicht das Redenschwingen.

»Du bist doch nach der letzten Fahrstunde allein vom Übungsplatz zurückgefahren, oder?« Das hat mir mein Kollege, der neulich nach der Einführung für mich eingesprungen ist, bei der Übergabe jedenfalls erzählt. Außerdem hat er mir gesagt, dass sie ihre Sache sehr gut gemacht hat.

Sie nickt. »Ja, aber…«

»Nix aber! Dann hättest du dich beim letzten Mal eben ungeschickter anstellen müssen. Und jetzt rauf auf die Maschine, sonst kommen wir hier nie weg.«

Marie schluckt und klemmt sich den Bügel des Funkempfängers hinters Ohr.

Na also, geht doch, denke ich und sehe zu, wie sie das Funkgerät in der dafür vorgesehenen Tasche im Nierengurt mit der neonfarbigen Aufschrift »Fahrschule« verstaut. Nachdem wir uns auf eine für ihre zarten Ohren angenehme Lautstärke geeinigt haben, zieht sie Helm und Handschuhe an, und es geht endlich los.

Auf der knapp fünfzehnminütigen Strecke von der Fahrschule zur Rennbahn kommt Marie tatsächlich ganz gut zurecht. Man merkt, dass sie seit einigen Jahren Auto fährt, denn der recht starke Verkehr bereitet ihr keine Probleme. Nur beim Spurwechsel nimmt sie beim Schulterblick jedes Mal das Gas weg und wird etwas zu langsam, aber dafür fahre ich ja hinter ihr und wechsele als Erster auf die Abbiegespur, um ihr den Rücken freizuhalten. Auch schaltet sie sich zwischendurch immer mal wieder einen Wolf und bringt die Kupplung gelegentlich an ihre Belastungsgrenze, doch andere Fahrschulmotorräder müssen Schlimmeres aushalten.

Dafür, dass sie erst zum zweiten Mal auf der Maschine sitzt, ist Marie insgesamt recht zügig unterwegs. Lediglich beim Rechtsabbiegen wäre sie vermutlich schneller, wenn sie die BMW anhalten, hochwuchten und um die Kurve tragen würde. Sie hat sichtlich Angst vor der Schräglage und will die Balance nicht verlieren, dabei wird es umso schwieriger, je langsamer man unterwegs ist. Aber man darf am Anfang nicht zu viel verlangen.

Nachdem wir ohne größere Zwischenfälle beim Übungsgelände angekommen sind, lasse ich meine Schülerin das Anfahren üben, während ich schon mal die Hütchen für den Schrittslalom mit etwa dreieinhalb Metern Abstand aufstelle. Aus den Augenwinkeln beobachte ich, wie sie beim Stop-and-go die Maschine zweimal hintereinander abwürgt, und drücke auf die Sprechtaste des Funkgeräts.

»Die Kupplung ist nicht zum Anschauen da. Die musst du ziehen, wenn du bremst. Alles klar?«

Sie nickt und macht weiter. Noch schafft sie es nicht richtig, abwechselnd nur einen Fuß auf den Boden zu stellen, sondern muss manchmal beide Beine runternehmen, um nicht zu kippen. Für den Anfang ist das okay, doch in der Prüfung hat ein Fuß immer auf der Fußraste zu bleiben, sonst gilt die Aufgabe als nicht gelöst.

Nach einigen geglückten Bremsversuchen, bei denen Marie abwechselnd das linke und das rechte Bein auf den Boden stellt, ohne zu kippeln, ist das Kreisfahren dran. Wie bei nahezu allen Anfängern kann bei ihrem Versuch weder von einem Kreis noch von Schräglage die Rede sein, aber bei dieser Aufgabe gibt es nur eine Lösung, und die heißt: üben, üben und noch mal üben! Irgendwann bekommen sie es alle hin, ein Stück über die Mitte des Kreises hinauszuschauen und somit in leichter Schräglage, die durch die Körperdrehung fast automatisch eingeleitet wird, eine kreisähnliche Linie zu fahren. Kreisähnlich bedeutet in diesem Fall: kein Ei, keine Ellipse und erst recht keine Schlangenlinien.

Marie setzt zwar zügig an, verliert jedoch mit jeder Runde an Tempo und traut sich auch diesmal nicht, die Maschine zu kippen. Ihr fehlt das Vertrauen, dass ab einer gewissen Geschwindigkeit die Fliehkraft zuverlässig ihren Job macht. Meine Schülerin tut sich sichtlich schwer.

»Warte, ich mache es dir vor«, sage ich daher trotz der Hitze und obwohl ich schon nassgeschwitzt bin, »damit du ein besseres Gefühl für die Schräglage kriegst.«

Ich gehe schnell zum Wagen und hole meinen Helm aus dem Kofferraum. Erst neulich habe ich miterlebt, wie ein Kollege aus einer anderen Fahrschule seinem Schüler die Ausweichübung vorgeführt hat – ohne Helm. Wie bestellt, sind genau in dem Moment zwei Beamte von der Reiterstaffel vorübergeritten und haben ihn sich vorgeknöpft. Vorbildfunktion, Gefahr im Straßenverkehr, StVO, das volle Programm, und das auch noch vor einem blöde grinsenden Fahrschüler. Es gibt Schöneres. Die berittene Polizei ist gleich um die Ecke in der Olympia-Reitanlage in Riem untergebracht und kommt hier alle naselang vorbei, da muss man nix riskieren.

Ich lasse Marie absteigen, um mich auf die Maschine zu setzen. Sie steht abwartend neben mir, die Hände in die Hüften gestemmt.

»Was ist?«, necke ich sie. »Brauchst du 'ne schriftliche Einladung mit Goldrand? Jetzt spring schon auf!«

»Wie? Ich soll da hinten drauf?«

Die Frau kann vielleicht Fragen stellen!

»Was denn sonst? Wie willst du denn die Schräglage spüren? Durchs Zuschauen?«

Ich fahre mit ihr auf dem Sozius drei Runden rechts- und drei Runden linksherum, danach ist sie wieder dran. Wie erwartet, klappt es nun schon viel besser, und sie strahlt zufrieden. Das hätten wir also geschafft.

Danach geht es mit der nächsten Grundfahraufgabe weiter: Schrittslalom. Die Sonne brennt mir und meiner Fahrschülerin unerbittlich aufs Hirn, und ich sehne mich in mein kühles Auto zurück. Oder noch besser: in den Biergarten. Oder ins Freibad! Aber noch haben wir fünfundfünfzig Minuten der Doppelstunde und damit einige Herausforderungen vor uns.

Ich dirigiere Marie zum ersten der fünf Hütchen und erkläre ihr die Aufgabe. »Du fährst hier gleich einen Bogen auf die Straße und kommst dann zurück auf den Parkplatz, etwa zehn Meter vor dem ersten Hütchen. Blinker, Spiegel, Schulterblick, anfahren. Im ersten Gang und mit gezogener Kupplung manövrierst du dann um die Hütchen, ohne sie umzuwerfen. Du gibst bei der Übung kein Gas, sondern lässt bloß vorsichtig die Kupplung kommen. Wirst du zu schnell, ziehst du sie sofort wieder voll durch und bremst mit der Hinterradbremse, also mit dem Fuß. Nicht vorne, okay?

»Alles klar, Sigi.« Sie wiederholt noch einmal, was ich ihr gerade gesagt habe, und will losfahren.

»Moment, Moment, nicht so stürmisch, junge Frau«, bremse ich ihren Enthusiasmus. »Das Wichtigste kommt noch.«

Sie schaut mich fragend an.

»Siehst du den Smiley dort hinten an der Mauer?« Ich deute auf das mit roter Farbe auf die Steine gemalte Gesicht. »Den musst du die ganze Zeit über fixieren.«

Ich lasse sie einen Bogen fahren und mit der Übung beginnen und nutze die Zeit, die sie zum Überqueren des Parkplatzes braucht, um einen Schluck von meiner Apfelschorle zu nehmen. Igitt, die Plörre ist lauwarm. Warum bin ich eigentlich kein Bademeister geworden?

Nachdem Marie zum dritten Mal vier von den fünf Hütchen umgefahren hat und mir das Aufstellen allmählich zu schweißtreibend wird, rufe ich sie zu mir.

»Du weißt, wo du draufsitzt?«, frage ich sie.

Meine Schülerin nickt. »Auf einer BMW F 650 CS.«

»Warum musst du dann ständig nachgucken, anstatt den Smiley im Blick zu behalten, wie ich's dir erklärt habe?«

»Weil das BMW-Logo auf dem Tank so schön ist«, erwidert sie frech.

»He, wenn du beim nächsten Mal auch nur ein Hütchen umfährst, musst du am Samstag um halb sieben im Hof antreten. Zum Mopedputzen«, drohe ich ihr im Scherz. »Aber jetzt mal Spaß beiseite: Beim Motorradfahren ist die Blickführung am wichtigsten. Dort, wo du hinschaust, fährst du auch hin, egal ob das der Baum am Straßenrand, der Gullideckel, die

Ölspur oder die Leitplanke ist. Merk dir das, wenn dir deine Knochen lieb sind.«

»Das heißt, wenn ich in der praktischen Prüfung nicht die Hütchen, sondern den Prüfer angucke, fahre ich ihn um?«

»Ganz genau. Allerdings würde ich dir das nicht empfehlen, wenn du bestehen willst.«

»Na gut.«

Ich sehe, dass Marie unter dem schwarzen Motorradhelm der Schweiß über das hochrote Gesicht läuft. Dennoch, das muss jetzt sein. »Erst bei zwanzig Stundenkilometern beginnt der eigenstabile Bereich eines Motorrads. Fährst du langsamer, musst du das ausgleichen. Wenn du dabei nach unten auf die Hütchen schaust, rammst du die Dinger automatisch, oder die Maschine fällt dir um, wenn du den Lenker zu stark eingeschlagen hast. Das geht gar nicht anders. Gas, Kupplung und Bremse musst du bedienen können, ohne hinzusehen, das Gleiche gilt für den Blinker. Schau nie auf das Vorderrad oder direkt vor dir auf die Straße, das ist fatal, sondern immer nach vorne. Also: Blick auf den Smiley! Dafür haben wir den dort hingemalt.«

»Ja, aber dann weiß ich doch gar nicht, wann ich einschlagen muss«, widerspricht sie.

»Doch, du siehst das Hütchen aus den Augenwinkeln.«

»Das glaub ich nicht.«

Wieso Frauen einem immer widersprechen müssen... Ich seufze und wünsche mir die erste Stadt- oder Überlandfahrt herbei. Ein weiterer Vorteil bei der Motorradausbildung, wenn der Schüler die Grundfahrübungen erst mal hinter sich hat, besteht darin, dass ich mit ihm per Funk in Verbindung treten kann, er mit mir jedoch nicht. Konkret bedeutet das: neunzig Minuten ohne Widerworte. Das ist fast so gut wie ein kühles Bier nach Feierabend auf der Sonnenterrasse des Michaelibads…

»Probier's aus. Und jetzt ab mit dir! Aber denk dran: Bevor du mit der Übung beginnst, musst du den Blinker setzen, danach Spiegelblick, Schulterblick, Kupplung kommen lassen und vorsichtig Gas geben. Das gilt für alle Grundfahrübungen und wird später auch so in der Prüfung verlangt.«

Sie nickt und hebt den Daumen. Dabei lässt sie die Kupplung los und würgt die Maschine ab, die daraufhin einen Satz macht und sich bedenklich zur linken Seite neigt. Kurz bevor der kritische Punkt erreicht ist, an dem man das Motorrad nicht mehr halten kann, findet Marie ihre Balance wieder.

Ich verkneife mir einen Kommentar und sage nur: »Wenn du an dem ersten Hütchen eher knapp vorbeifährst, musst du später nicht so viel lenken, sondern hast mehr Platz. Dann geht's ein bisschen leichter.«

»Von leicht kann hier keine Rede sein«, ruft sie mir zu und fährt ohne Schulterblick los, nicht ohne zuvor beim Blinkersetzen auf die Hupe zu kommen. Das passiert jedem mal. Mit den gut gepolsterten Handschuhen, die im Falle eines Sturzes ihr Geld dreimal wert sind, ist es nämlich nicht leicht, die dicht beieinanderliegenden Knöpfe unabhängig voneinander zu drücken. Nicht selten wird die Hupe in den ersten Fahrstunden daher ein wenig überstrapaziert, aber auf dem Ohr sind wir Fahrlehrer ohnehin taub.

Nachdem Marie die Übung dreimal hintereinander absolviert hat, ohne auch nur eines der Hütchen zu streifen, ist sie bereit für die nächste Aufgabe: die Gefahrenbremsung. Dazu beschleunigt der Fahrschüler auf gerader Strecke bis auf fünfzig Stundenkilometer und steigt dann voll in die Eisen. Vorder- und Hinterradbremse werden dabei – zumindest theoretisch – gleichermaßen belastet, und man sollte innerhalb von zwölfeinhalb Metern zum Stehen kommen. Bei dieser Übung darf man ebenfalls nicht beide Beine auf den Boden stellen, sondern möglichst nur das linke.

Gut ist es, wenn der Schüler das im dritten Anlauf schafft. Ziemlich gut ist es, wenn ihm die Maschine dabei nicht umfällt. Geradezu ideal ist es, wenn er vor dem Wiederanfahren nicht vergisst, in den ersten Gang zurückzuschalten. Weil man die Übung im dritten absolviert und bei einer Vollbremsung keine Zeit hat, um runterzuschalten, muss man es im Stehen nachholen, ehe man wieder anfahren kann. Das lassen die meisten Anfänger vor Aufregung außer Acht.

Auch bei der Gefahrenbremsung ist es extrem wichtig, dass man nicht nach unten oder direkt vors Vorderrad, sondern weit nach vorne schaut, um die Maschine stabil zu halten. Wenn man nun noch beide Arme beim Bremsen durchstreckt und die Bauchmuskeln anspannt, kann eigentlich nichts schiefgehen.

All das erkläre ich meiner Fahrschülerin, ehe ich sie losschicke, und füge abschließend hinzu: »Siehst du die Buche da vorne? Wenn du ungefähr auf der Höhe des Baumes bist, musst du bremsen. Dann passt es ganz genau.«

Damit stelle ich mich neben dem Baum in Position und fächele mir mit einer Zeitung Luft zu, während ich Marie zusehe.

Beim ersten Versuch ist sie so sehr damit beschäftigt, hochzuschalten und auf fünfzig Stundenkilometer zu beschleunigen, dass sie glatt an dem Hütchen vorbeifährt, vor dem sie eigentlich anhalten sollte. Im zweiten Anlauf guckt sie die ganze Zeit nach rechts auf den Baum und lenkt dadurch automatisch zum Straßenrand, weshalb ich mich mit einem gezielten Sprung nach hinten in Sicherheit bringe. Beim dritten Mal guckt sie zwar nach vorne, reagiert aber viel zu spät und tritt obendrein nicht ordentlich auf die Fußbremse. Prompt mäht sie das Hütchen um, das quer über die Fahrbahn hüpft. Beim vierten Versuch kommt sie direkt davor zum Stehen.

»Na also, geht doch«, lobe ich. »Mach es gleich noch mal, weil's so schön war.«

»Boah, Sigi, fünfzig ist ganz schön schnell. Kann man die Übung nicht erst mal mit weniger Tempo machen?«, versucht sie wieder zu diskutieren.

»Nein, Mädchen, so wird's in der Prüfung verlangt, und wir lernen das von Anfang an richtig. Außerdem: Wenn dir fünfzig schon schnell vorkommt, was machst du dann auf der Autobahn? Schieben?«

Sie zuckt die Achseln und wendet, um erneut zum Ausgangspunkt der Übung zu fahren. Ich bleibe wie immer auf Höhe des Hütchens am Straßenrand stehen und gebe ihr ein Zeichen, dass es losgehen kann.

Diesmal legt Marie einen nahezu perfekten Start hin. Sie beginnt die Übung korrekt mit Blinken, Spiegel- und Schulterblick und schafft es sogar, zügig hochzuschalten und zu beschleunigen. Etwa fünfzehn Meter vor dem markierten Baum geht sie jedoch plötzlich vom Gas und lässt die Maschine ein ganzes Stück rollen, ehe sie in die Eisen steigt. Das waren vermutlich nicht mal mehr vierzig Stundenkilometer, die sie zu Beginn der Gefahrenbremsung draufhatte, weshalb sie diesmal auch ganz geschmeidig zum Stehen kommt.

»Na, das war doch super, oder?«, fragt sie stolz, nachdem sie das Visier ihres Helms hochgeklappt hat.

»Von super kann keine Rede sein«, muss ich sie leider enttäuschen. »Sinn und Zweck einer Gefahrenbremsung ist es nicht, die Übung in Zeitlupe auszuführen, sondern bei anständigem Tempo. In der Prüfung musst du auch fünfzig fahren.«

»Aber der Prüfer kann mir nicht auf den Tacho gucken. Da kann ich doch ein bisschen schummeln.«

Frauen! Wer hat ihnen beigebracht, alles in einem fort kommentieren zu müssen?

Ich atme tief durch, ehe ich ihr erkläre: »Manche Prüfer sind vielleicht gutmütig, aber für dumm verkaufen lassen die sich nicht. Vergiss nicht, die machen den Job nicht seit gestern. Ob du achtundvierzig oder dreiundfünfzig fährst, merkt der Prüfer sicher nicht. Bei der Geschwindigkeit, mit der du gerade unterwegs warst, konnte man dagegen die Reifen wechseln.«

»Wenn man erst ein Stück rollt, bremst es sich aber viel leichter«, diskutiert Marie weiter.

Ich packe das nächste Argument aus, in der Hoffnung, dass sie dann Ruhe gibt. »Wenn vor dir ein Kind auf die Fahrbahn läuft, kannst du die Maschine auch nicht erst rollen lassen, bis dir die Geschwindigkeit angenehm ist, sondern musst sofort reagieren! Eine solche Situation soll mit dieser Übung simuliert werden.«

»Ich dachte …«

»Du sollst nicht denken, sondern tun, was ich dir sage. Schließlich willst du sicher Motorrad fahren lernen, oder? Und dazu gehört nun mal, dass man aus voller Fahrt bremsen kann.«

»Aye, aye, Sir«, sagt sie und salutiert zackig. »Mensch, Sigi, du bist echt streng.«

»Ich weiß«, erwidere ich mit einem Grinsen.

Ein Blick auf die Uhr sagt mir, dass die Zeit um ist. Daher heben wir uns die beiden Ausweichübungen, einmal aus voller Fahrt und einmal mit vorherigem Abbremsen, für die nächste Fahrstunde auf.

Die Rückfahrt verläuft im Grunde problemlos. Nur bei dem U-Turn an der Ampel nach dem Gewerbegebiet, in dem der Übungsplatz liegt, halte ich kurz die Luft an, weil Marie die Maschine mit knapp drei Stundenkilometern haarscharf am Bordstein des Fußgängerüberwegs vorbeimanövriert. Ein Kippen kann sie gerade noch verhindern, daher spare ich mir einen bissigen Kommentar. Und auch jede Menge Witze zum Thema »Frauen im Straßenverkehr«, die sie sicher alle noch nicht kennt. Das Schöne an Motorradfahrstunden ist, wie gesagt, dass die Schüler nur zuhören können … Im Stadtverkehr fährt Marie aber erstaunlich souverän und flüssig, und so sind wir knapp zwölf Minuten später wieder an der Fahrschule angekommen.

Durchs Seitenfenster gebe ich ihr die Anweisung, die Maschine neben die beiden anderen Fahrschulmotorräder zu rollen, den Leerlauf einzulegen und den Motor auszuschalten. »Stell sie einfach auf den Seitenständer, der nächste Schüler ist sicher schon beim Umziehen hinten in der Garage.«

Ich parke den Wagen und will gerade zur Toilette durchstarten, da brüllt es hinter mir: »Siiigiii! Hilfeee!«

Ich fahre herum und sehe, wie Markus auf Marie zustürmt und die Maschine aus mehr als bedenklicher Schräglage wieder aufrichtet. Das war knapp. Der Lenker war gerade noch einen Zentimeter von dem parkenden Auto entfernt, neben dem sie die Maschine auf dem Bürgersteig vor der Fahrschule abgestellt hat.

»Mensch, Mädel, was ist denn passiert?«, rufe ich und renne auf sie zu. »Du solltest die Maschine doch bloß hinstellen!«

»Das wollte ich ja.« Marie grinst verlegen. »Aber ich hab vergessen, den Seitenständer runterzuklappen.«

Ehe ich etwas allzu Unflätiges über Fahrschüler im Allgemeinen und Balancekünstlerinnen im Besonderen sagen kann, mache ich auf dem Absatz kehrt und gehe einem anderen, wirklich sehr dringenden Bedürfnis nach.

info

Erhöhter Diskussionsbedarf – die fünf besten Ausreden von Fahrschülern nach verpatzter Prüfung

»Sie haben die praktische Prüfung leider nicht bestanden.« Wer hört diesen Satz schon gerne? Natürlich keiner! Klar, dass die Enttäuschung im ersten Moment riesengroß ist und auch schon mal Tränen fließen. Tun kann der Prüfling im Nachhinein nichts mehr, außer sein Glück noch einmal versuchen. Manche Fahrschüler können und wollen sich jedoch nicht damit abfinden, dass die Prüfung vorzeitig beendet ist, und fangen an, mit dem Prüfer zu diskutieren. Hier die fünf beliebtesten Ausreden, die auch nicht besser werden, wenn man sie x-mal wiederholt:

Platz 5: »Abfahrtkontrolle? Hab ich noch nie gehört. Das hat keiner mit mir geübt.«

Platz 4: »Der Griff ins Lenkrad war absolut übertrieben. Ich wär locker um die Kurve gekommen!«

Platz 3: »Niemals war ich zu schnell. Ich hab genau auf den Tacho geschaut. Ich bin mir ganz, ganz sicher, da stand höchstens neunundvierzig!«

Platz 2: »Das waren mindestens fünf Meter Abstand. Sie hätten eben nachmessen müssen.«

Platz 1: »Wie Einbahnstraße? Da war doch gar kein Schild!«

Hochmut kommt vor dem Sturz

Markus

Beim Motorradfahren ist eine realistische Einschätzung des eigenen Könnens überlebenswichtig. Deshalb lasse ich mir von neuen Fahrschülern, auch wenn sie bereits seit zwanzig Jahren den Autoführerschein haben und mehr Selbstbewusstsein als Silvio Berlusconi und Gerhard Schröder zusammen an den Tag legen, kein X für ein U vormachen. Jeder, der mir in der ersten Fahrstunde gegenübersteht, kommt erst mal auf den Sozius und muss sich von mir auf den Übungsplatz chauffieren lassen. Und wenn er noch so überzeugend behauptet, Vorerfahrung zu haben und in seiner Jugend Motocross-Rennen noch und nöcher gefahren zu sein. Da bleibe ich standhaft wie eine hundertjährige Eiche.

Diese Erfahrung macht auch Alexander, achtundzwanzig, Werbetexter und einer von den ganz Großen im Motocross-Geschäft, schenkt man seinen Prahlereien Glauben. Als ich ihn in seiner ersten Fahrstunde freundlich darauf hinweise, dass er in seiner stylishen Jeans und dem angesagten T-Shirt ganz sicher nicht auf die Maschine steigen wird, zeigt er sich gleich von seiner besten Seite.

»He, Mann, was soll das? Jetzt mach hier mal keinen Stress«, gibt er sich betont lässig. Mit seinen langen schwarzen Haaren, den bunten Sneakers und der Hornbrille sieht er aus wie dem Klischeekatalog entsprungen. Einzig der schwarze Rollkragenpulli fehlt.

»Ich mach nie Stress«, erwidere ich und bleibe dabei so ruhig, dass Buddha vor Neid erblassen würde, »aber wir haben hier Regeln, die der Sicherheit unserer Schüler dienen. Ohne Schutzkleidung…« Weiter komme ich nicht.

»He, Markus, bleib cool! Ich hab das Mofa im Griff, mir passiert schon nix. Ich kann fahren, ich brauch bloß noch den Schein.« Dann erzählt er mir in epischer Breite, wie er schon mit zwölf Jahren mit seinen Kumpels heimlich Querfeldeinrennen im Bayerischen Wald gefahren ist.

»Den Schein kriegst du nur, wenn ich dich aufs Mofa drauflasse. Mit Jeans geht da nix«, sage ich unbeeindruckt von seinen Heldensagen. »In der Umkleide hängen Leihklamotten, da kannst du dir eine passende Hose raussuchen. Und beeil dich, das geht alles von deiner Zeit ab.«

Der letzte Satz zeigt endlich Wirkung, und Alex zieht, sichtlich in seiner Alleskönnerehre gekränkt, ab in Richtung der Garage im Hof, die wir als Umkleide nutzen. Bis er zurückkommt, gönne ich mir noch schnell eine Tasse Kaffee, schwarz und mit extra viel Zucker, denn eins ist sicher: Die nächsten anderthalb Stunden werden anstrengend.

Grenzenlose Selbstüberschätzung, noch dazu gepaart mit einer ausgeprägten Beratungsresistenz, ist keine gute Voraussetzung, um Motorradfahren zu lernen. Es sind vor allem Männer, die mit der Einstellung bei uns eintrudeln: »Ach, das bisschen Mopedfahren kann so schwer nicht sein, das krieg ich schon hin. Ich hab schon ganz andere Sachen im Leben geschafft.« Letzteres mag stimmen, dennoch sind Rücksicht, Umsicht und Selbstreflexion deutlich hilfreicher als Macho-Gehabe. Mit Letzterem kann man mich ganz und gar nicht beeindrucken, ich wechsle bei solchen Leuten einfach in den Extra-Freundlichkeits-Modus und aktiviere den Autopiloten. Damit fahre ich erfahrungsgemäß am besten, schließlich muss man jeden Fahrschüler dort abholen, wo er steht. Und ich versuche, in jeder Situation Ruhe zu bewahren, egal was für einen Knaller mein Schüler gerade bringt.

Wie befürchtet, lässt auch bei Alex der nächste Knaller nicht lange auf sich warten. Mir fällt fast der Helm aus der Hand, den ich gerade aufsetzen will, als er zu der Maschine geht, lässig den rechten Fuß über den Lenker schwingt und sich auf die Sitzfläche plumpsen lässt.

»Was war das denn?« Ich bin fassungslos. So einen albernen Trick hab ich ja noch nie gesehen. Und ich bin schon seit ein paar Jahren im Geschäft.

»Wo ist das Problem? So haben wir das beim Schwarzfahren immer gemacht«, erwidert er mit stolzem Unterton in der Stimme.

Bei diesem speziellen Kandidaten muss ich wohl etwas deutlicher werden. Normalerweise bin ich ein sehr umgänglicher Kerl und habe eine Engelsgeduld mit allen unseren Schülern, aber der Typ bringt mich schon nach wenigen Minuten auf hundertachtzig – und zwar aus dem Stand. Da vergesse ich dann sogar meinen Extra-Freundlichkeits-Modus …

»Wir sind hier doch nicht beim Kunstturnen!«, remple ich ihn verbal an. »So will ich dich nie wieder aufsteigen sehen, hast du mich verstanden? Wenn du artistische Einlagen zeigen willst, dann bewirb dich beim Wasserballett. Und jetzt runter mit dir! Bis zum Übungsplatz fahre ich. Und der Fahrer steigt grundsätzlich als Erster auf.«

Immerhin: Er befolgt meine Anweisung ohne ein Wort der Widerrede. »Und wo sitze ich?«, will er nur wissen.

Ich trete an die Maschine heran und klappe die Fußrasten für den Sozius herunter. Einmal tief durchatmen. »Du wartest bitte, bis ich auf der Straße stehe, dann setzt du dich hinter mich, okay?«

Alex zuckt bloß die Achseln, doch durch das hochgeklappte Visier kann ich die Geringschätzung in seinem Blick sehen. So etwas lässt mich kalt. Bei mir bekommt nun mal niemand eine Sonderbehandlung. Selbst wenn Niki Lauda persönlich in unserer Fahrschule anklopfen würde, weil er den Motorradführerschein machen will, müsste er sich an gewisse Regeln halten, da mache ich doch bei so einem Wichtigtuer wie Alex keine Ausnahme.

In den ersten Fahrstunden gehe ich mit meinen Schülern prinzipiell auf den Siemens-Parkplatz, weil auf der riesigen Fläche größere Gefahren ausgeschlossen sind und Stürze meist glimpflich ablaufen. Zudem gibt es dort deutlich weniger andere Verkehrsteilnehmer und sonstige Hindernisse als in einer Sackgasse oder auf wenig befahrenen Straßen. Als Fahrlehrer kann ich bei der Motorradausbildung, anders als beim Pkw- oder Lkw-Führerschein, ausschließlich verbal eingreifen, was natürlich ein gewisses Risiko mit sich bringt. Wenn der Schüler meine Anweisungen nicht umsetzen kann, ins Kippen kommt oder in

Angststarre verfällt, kann ich nichts weiter ausrichten, als in mein Mikro zu brüllen und zu hoffen, dass er das tut, was er tun soll. Vom Beifahrersitz des Autos aus kann ich dagegen mit den Pedalen Einfluss nehmen oder im Notfall auch mal ins Lenkrad greifen. All das geht hier nicht.

Auf dem Parkplatz kann Alex mir ja zeigen, was für ein Checker er ist, denke ich mir. Bisher hat sich noch jedes Mal binnen fünf Minuten herausgestellt, wer wirklich was draufhat oder wer bloß eine große Klappe riskiert. Bei Alex würde ich ja spontan auf Letzteres tippen.

Mein Instinkt trügt mich auch diesmal nicht, doch den Beweis liefert mir mein vor Selbstbewusstsein nur so strotzender Schüler noch gut drei Kilometer vom Übungsplatz entfernt, mitten auf der Straße. Fast landen wir in einer langgezogenen Linkskurve in einem parkenden Auto, weil sich Mr. Ich-kann-alles mit seinen knapp einhundert Kilo Lebendgewicht auf dem Sozius plötzlich nach rechts wirft und so die Maschine aufrichtet. Ich habe ganz schön zu tun, um sie wieder nach unten zu drücken und einen Zusammenstoß zu vermeiden. Zum Glück hat es seit Tagen nicht geregnet, und die Fahrbahn ist staubtrocken – ungewöhnlich genug für den Frühsommer, der in München gerne mal verregnet ist. Sonst hätte ich keine Chance gehabt, die BMW wieder in die Spur zu bringen.

Kaum auf dem Siemens-Parkplatz angekommen, nehme ich mir den Schlaumeier zur Brust. »Was war das denn bitte? Ich denke, du kannst fahren?«, frage ich ihn mit Nachdruck, nachdem er vom Sitz gestiegen ist. Unbemerkt habe ich schon wieder meinen Extra-Freundlichkeits-Modus deaktiviert…

»Wieso?«, gibt er zurück. Aber natürlich weiß er genau, was ich meine, denn er fügt nach kurzem Zögern hinzu: »Ich hab gedacht, wir kippen um.«

»Aha! Schon mal was von Fliehkraft gehört?«

Alex zwinkert nervös, seine Stimme klingt jedoch gereizt. »Klar, Mann! Was soll die blöde Frage?«

»Warum verhältst du dich dann so? Das war ganz schön gefährlich! So viel zum Thema Vorerfahrung. Ich weiß nicht, wie du Motocross gefahren sein willst. Wenn's so wäre, müsste ich dir jetzt nichts zum Thema Schräglage in Kurven erklären«, sage ich mit Nachdruck.

»Ich bin gefahren! Und zwar besser als du!« Herausfordernd funkelt er mich an. Dann schiebt er zögerlich hinterher: »Aber noch nie hintendrauf.«

Aha, daher weht also der Wind! Alex ist ein Kontrollfreak und kann nicht damit umgehen, wenn er das Heft aus der Hand geben muss. Ohne seine Bemerkung zu kommentieren, beginne ich (extra freundlich!) damit, ihm die Maschine samt all ihrer Funktionen zu erklären. Sein Gesichtsausdruck spricht Bände, denn er tut so, als wollte ich ihm die Grundrechenarten vermitteln, obwohl er ein abgeschlossenes Mathematikstudium hinter sich hat.

Bei den ersten Fahrübungen stellt sich dann aber tatsächlich heraus, dass er schon mal Motorrad gefahren ist, denn Alex kann mit Kupplung und Gas umgehen und wirkt kein bisschen unsicher. Allerdings gibt er beim Anfahren viel zu viel Stoff und heizt los, als würde er einen Beschleunigungstest für den TÜV-Süd veranstalten.

»He, ich will dich Schritttempo fahren sehen!«, pfeife ich ihn zurück. »Und zwar ohne Gas, sondern nur mit

Kupplung und Hinterradbremse. Und wehe, du setzt dabei einen Fuß auf den Boden.«

Er sieht mich an, als wären wir in einer Dschungelcamp-Prüfung und ich hätte gerade von ihm verlangt, eine Portion dicker, glibberiger Maden zu essen. »Mann, Markus, was soll der Quatsch?«, fragt er genervt. Offenbar fühlt er sich für Höheres bestimmt – so siebzig Stundenkilometer aufwärts.

»In manchen Verkehrssituationen musst du die Maschine auch bei niedriger Geschwindigkeit sicher ausbalancieren können, außerdem ist es ein Teil der praktischen Prüfung.«

Murrend macht er sich an die Aufgabe, mit der er so seine Schwierigkeiten hat. Aber er kämpft sich durch, und bald können wir zum Achterfahren übergehen. Wichtig ist bei dieser Übung vor allem, dass man den Blick beim Richtungswechsel mitnimmt, also jeweils dort hinschaut, wo man hinfahren will.

Wir beginnen mit Linkskurven. Durch die Lenkbewegung nach links streckt sich der rechte Arm, und man gibt automatisch Gas. Linkskurven sind unter anderem deshalb am Anfang leichter zu fahren, weil man gleichmäßiger am Gas bleibt und sich die Maschine nicht zwischendurch immer wieder aufrichtet, wodurch sie zu wackeln anfängt.

»Ganz gut so«, sage ich in mein Mikro, da Alex tatsächlich einen richtig schönen Kreis in stabiler Schräglage hinbekommen hat. Allerdings drückt er die Maschine viel zu sehr herunter und fährt auch ein bisschen zu sportlich. Ich will es ihm gerade sagen, da kommt er plötzlich ins Schlingern, reißt reflexartig das Gas voll auf und schießt auf eine knapp fünf Meter entfernte Hecke zu.

»Kupplung! Kupplung!«, rufe ich schnell, denn sobald man den Kraftverlauf zwischen Gas und Motor unterbindet, wird die Maschine langsamer.

Aber das Kommando kommt nicht an. Mit vor Schreck geweiteten Augen starrt mein Schüler auf die Hecke – und hält genau deshalb wie magisch angezogen weiter darauf zu. Würde er es hingegen schaffen, den Kopf nach links zu nehmen, würde er die Maschine vermutlich wieder unter Kontrolle bekommen.

»Zieh die Kupplung!«, brülle ich noch einmal, doch da sehe ich schon, wie er durch die Hecke rauscht.

Immerhin hat er nicht gebremst. Das ist in einer solchen Situation nämlich das Schlimmste, was man tun kann, weil das Motorrad dann automatisch kippt und ein Sturz unvermeidlich wäre.

Ich renne los und bin wenige Sekunden später bei ihm. Die Hecke hat den Aufprall gedämpft, weshalb er sich hoffentlich nicht allzu schlimm wehgetan hat.

»Alles klar?«

Alex rappelt sich auf, klopft sich betont lässig den Staub von der Hose und sagt: »Na logo, Mann. Mich hat's früher ganz anders geschmissen!«

Na dann …

Die BMW liegt knapp zwei Meter weiter mit laufendem Motor auf der linken Seite. Als Erstes drücke ich den Notausschalter, dann sehe ich nach, ob irgendwelche Flüssigkeiten ausgelaufen sind, und klappe schließlich den Seitenständer aus. Anschließend will ich meinem Fahrschüler zeigen, wie man die knapp zweihundertzwanzig Kilo schwere Maschine mit einem Trick und ohne fremde Hilfe wieder aufrichten kann.

Aber wer weiß – vermutlich hat er das in seinem Motocross-Profi-Leben bereits mehr als hundertmal gemacht und wird gleich wieder total gelangweilt abwinken. Im Bayerischen Wald lernt man Motorradfahren ja offenbar bereits, bevor man laufen kann.

»Hast du schon mal ein Motorrad alleine hochgehoben?«

Alex schüttelt den Kopf.

Hoppla. Sehe ich da etwa Sprünge in der auf Hochglanz polierten Fassade? Seine braunen Augen funkeln auch gar nicht mehr so angriffslustig wie noch vor einer Dreiviertelstunde.

»Okay, dann sieh mir genau zu. Ich mache es dir jetzt einmal vor, danach bist du dran«, sage ich, besänftigt, dass ich heute auch noch ein bisschen normalen Unterricht machen kann. »Also, du stellst dich mit dem Bauch zum Motorrad, nimmst die linke Hand an den Lenker und die rechte an den Haltebügel hinterm Sitz.« Ich gehe in die Knie, spanne die Armmuskulatur an und hebele die Maschine aus den Beinen hoch. »Das Wichtigste dabei ist, dass du die Kraft nicht aus dem Rücken holst, sonst droht ein Hexenschuss«, erkläre ich und stelle die BMW auf dem Seitenständer ab. »Noch Fragen?« Ich wende mich an meinen Schüler, der nicht mehr ganz so selbstbewusst dasteht wie noch am Anfang der Stunde, was ich mit einem ganz kleinen bisschen Genugtuung zur Kenntnis nehme.

»Nee, alles klar.«

»Na, dann los«, sage ich und lege das Motorrad vorsichtig wieder auf die Erde. Offensichtlich hat ihn der kleine Crash mit der Hecke doch mehr beeindruckt, als er zugeben will und ich zunächst gedacht habe, denn zu meiner größten Überraschung macht Alex genau das, was ich ihm erklärt habe. Er beugt die

Knie und wuchtet die Maschine direkt im ersten Anlauf in die Senkrechte.

Na also. Geht doch. Warum nicht gleich so?

Wieder in der Fahrschule, muss ich an die achtzehnjährige Marianne denken, die vor knapp einem Jahr fast an derselben Stelle wie Alex abgestiegen ist. Die gut eins achtzig große, etwas kräftige Schülerin hat damals den Bordstein als Rampe benutzt und einen Erste-Sahne-Stuntsprung hingelegt. Zum Glück ist ihr ebenfalls nichts passiert, als sie beim Achterfahren aus Versehen Vollgas gegeben und dabei in die falsche Richtung geguckt hat. Marianne hatte mit der Blickrichtung lange Zeit schwer zu kämpfen. Nicht etwa, weil sie nicht verstanden hätte, dass man wie von einem unsichtbaren Faden gezogen mit dem Motorrad immer genau dort hinfährt, wo man auch hinschaut. Doch zwischen Kapieren und Umsetzen liegt eben noch ein Teil, den der menschliche Verstand nicht immer überbrücken kann. Da geht es um Automatismen und Reflexe, das muss manch einer mühsam trainieren. Immerhin hatte Marianne einen aufmerksamen Schutzengel, der auch schon mal menschliche Gestalt annehmen konnte, genauer gesagt, die eines befreundeten Kollegen.

Wir waren wieder einmal auf dem Siemens-Parkplatz und übten Hütchen-Slalom, als ein Lkw auf das Gelände einbog und in einigem Abstand an uns vorüberfuhr. Davon abgelenkt, fixierte Marianne den Laster – und fuhr prompt darauf zu. Sie war zwar nicht mit hoher Geschwindigkeit unterwegs, aber vor Schreck absolut reaktionsunfähig. Auch die Kommandos »Brems! Kupplung! Halt!«, die ich ins Mikro brüllte, verhallten wirkungslos im Nichts. Wie hypnotisiert fuhr sie einfach weiter und reagierte nicht auf mich. In letzter Sekunde sprang ihr ein Kollege von einer anderen Fahrschule in den Weg und hielt die BMW samt Marianne einfach am Lenker fest, wobei er mit einem gezielten Handgriff die Kupplung zog. Trotz solcher Erlebnisse wollte sie nicht aufgeben, und nach exakt einhundertzehn Fahrstunden war sie tatsächlich prüfungsreif. Meine Geduld und Ausdauer wurden seinerzeit ebenso belohnt wie ihr Mut und ihre Beharrlichkeit. Ich sag nur: P 1!

Ob das dem Alleskönner Alex ebenfalls gelingen wird, weiß ich nicht so genau, denn er erweist sich als extrem beratungsresistent. Selbst die einfachsten Grundregeln scheinen für ihn nicht zu gelten. Auf meine Kommandos über Funk hört er nur, wenn er will, und wenn ich ihn mir nach der Fahrstunde noch mal (mit Samthandschuhen, versteht sich) vorknöpfe, fängt er an, mich zu kritisieren. Er weiß alles besser und macht trotzdem vieles falsch – keine gute Kombination. Alex fährt nicht nur prinzipiell zehn Stundenkilometer schneller als erlaubt (»Das mach ich beim Autofahren auch immer so!«), hält bei der Ampel mit grünem Rechtsabbiegerpfeil nicht an der Haltelinie an (»Du hast keine Ahnung! Wenn frei ist, darf man da durchfahren, das weiß ich ganz genau!«) und fährt im Wohngebiet bei rechts vor links nicht bremsbereit (»Ich seh doch, ob einer kommt«), sondern will auch einfach nicht einsehen, dass man Busse nur langsam, bei eingeschaltetem Warnblinker sogar lediglich im Schritttempo überholen darf (»So 'nen Quatsch hab ich ja noch nie gehört!«).

Außerdem scheint er die Fahrstunden für eine Art Renntraining zu halten. Ich kann ihn trotz etlicher Ermahnungen nicht von seinem Cross-Fahrstil abbringen. Selbst beim Rechtsabbiegen nach einer roten Ampel drückt er die Maschine wie ein Irrer in die Kurve und beschleunigt danach wie Michael Schumacher auf dem eintausendeinhundertsiebzig Meter langen Streckenabschnitt des Shanghai International Circuit, der längsten Geraden im Formel-1-Rennkalender. Darüber hinaus heizt er durch die Gegend, geht so gut wie nie vom Gas und versucht mich immer wieder abzuhängen. Manchmal beschleicht mich der Verdacht, er möchte dadurch den Fehlstart aus der ersten Stunde wettmachen.

»Fahr anständig!«, ermahne ich ihn nun schon zum dritten Mal über den Funksender, obwohl die Fahrstunde vor gerade mal zehn Minuten begonnen hat. »Wir sind hier auf einer öffentlichen Straße und nicht auf dem Nürburgring.«

Über die Ständlerstraße lotse ich ihn während seiner ersten Nachtfahrt nach Unterhaching und weiter nach Taufkirchen. Ich habe die Strecke gezielt ausgewählt, weil die Höchstgeschwindigkeit zwischen den einzelnen Orten häufig auf sechzig oder siebzig Stundenkilometer begrenzt ist. Zum einen versuche ich so bei meinem beratungsresistenten Schüler das Unfallrisiko gering zu halten, zum anderen brauche ich in meiner letzten Stunde für heute keine Aufregung mehr. Es ist bereits nach halb zehn am Abend, und ich habe einen anstrengenden Tag hinter mir. Da seit Wochen konstant gutes Wetter ist, rennen uns die Motorradfahrschüler derzeit die Bude ein. Damit sind nicht nur alle Kollegen im Dauereinsatz, sondern wir müssen immer mal wieder auch bis spätabends ran, weil es Anfang Juni erst weit nach neun dunkel wird. In der kalten Jahreszeit hat man es da leichter, vor allem unmittelbar vor Weihnachten, wenn es schon kurz nach vier anfängt zu dämmern. Da wird so manche normale Übungsstunde automatisch zur Nachtfahrt. Der Nachteil am Winter ist, dass sich die Fahranfänger bei Schnee und Eis deutlich schwerer tun und man bei rutschigen Straßenverhältnissen noch aufmerksamer sein muss als sonst.

Die Gefahr von Blitzeis ist heute zum Glück denkbar gering, wir sind bei angenehmen zwanzig Grad und klarem Himmel unterwegs. Mitten in Unterhaching fängt Alex plötzlich wild zu gestikulieren an. Im Scheinwerferlicht und den Kegeln der Straßenlaternen kann ich jedoch nicht erkennen, was er mir sagen will.

»Was ist? Kannst du nicht weiterfahren?«, frage ich über Funk.

Er schüttelt den Kopf und gibt mir erneut Zeichen.

»Fahr da vorne mal rechts ran, ich komme zu dir, dann kannst du es mir sagen«, bitte ich ihn nach einem Blick in den Rückspiegel.

Als ich mit eingeschaltetem Warnblinker neben ihm halte und die Scheibe auf der Beifahrerseite herunterlasse, deutet er auf die Tankanzeige und nuschelt durch das Visier seines Helms: »Kein Benzin mehr.«

»Oh Mann!« Mein Ärger ist nicht zu überhören. »Wie lange leuchtet die Lampe denn schon?«

»Von Anfang an«, erwidert er.

»Okay, dann fahren wir einen kleinen Umweg und gehen erst mal tanken«, sage ich und lasse ihn vor mir wieder einfädeln.

So langsam nervt mich das. Eigentlich haben wir unter den Kollegen eine Vereinbarung, dass niemand mit leerem Tank zurück zur Fahrschule kommt. Wer eine Maschine mit weniger als zweieinhalb Liter zurückbringt, der muss eine Kiste Bier zahlen. Bei den Autos stellt sich das Problem gar nicht, denn jeder Fahrlehrer hat seinen eigenen Wagen und ist selbst dafür verantwortlich. Bei den vier Motorrädern, die bei uns in der Sommersaison im Dauergebrauch sind, klappt das meistens nicht. An manchen Tagen passiert es mir bis zu zweimal, dass ausgerechnet meine Schüler eine leere Maschine erwischen.

»Fahr bitte langsamer und halte dich an die vorgegebenen Höchstgeschwindigkeiten«, schärfe ich meinem Schüler noch mal ein, als ich kurz darauf den Tankdeckel zuschraube und mich zum Bezahlen abwende. Alex, der heute statt der Leihklamotten eine nagelneue weiß-grüne Lederkombi im Rennstil anhat, verzichtet auf eine Antwort. Manchmal sagt ein Schweigen ja mehr als tausend Worte.

Kurz darauf, wir haben Unterhaching gerade hinter uns gelassen, dreht er das Gas mal wieder fast bis zum Anschlag auf. Erlaubt sind siebzig, er fährt mindestens neunzig.

»Alex!«, sage ich mit Nachdruck ins Funkmikro. »Wenn du nicht sofort runterbremst, war das deine letzte Fahrstunde.«

Im nächsten Moment leuchtet etwa hundert Meter vor mir das Bremslicht der BMW auf. Offenbar hat Alex heute einen guten Tag und zeigt sich überraschend kooperativ.

Ich habe den Gedanken noch nicht richtig zu Ende gedacht, da muss ich eine Vollbremsung hinlegen, die die Beläge vor Schmerz aufheulen lässt, um meinen Fahrschüler nicht über den Haufen zu fahren. Ist der Kerl komplett verrückt geworden? Der kann doch nicht einfach so anhalten! Auf freier Strecke! Junge, Junge, dem werde ich jetzt aber mal zeigen, wo der Frosch die Locken hat!

Ich brülle in mein Mikrofon: »Was zum Henker tust du da? Hast du vollkommen den Verstand verloren?!«

Dann erst sehe ich das Reh, das am linken Fahrbahnrand in einem Gebüsch verschwindet. Mein Blick geht sofort wieder nach vorne zu Alex, der noch immer mitten auf der Straße steht und sich nicht vom Fleck rührt. Ich schalte den Warnblinker ein. Zum Glück ist heute Abend so gut wie nichts los, vermutlich sitzen bei dem milden Wetter alle im Biergarten oder sind beim Grillen an der Isar.

»Geht's dir gut?«, frage ich ihn über den Funk.

Keine Reaktion. Scheiße.

Ich springe aus dem Auto und laufe zu ihm. Völlig paralysiert sitzt er auf der Maschine, umklammert mit beiden Händen den Lenker und keucht, als hätte er gerade einen Achthundert-Meter-Sprint hingelegt. Als ich ihn an der Schulter berühre, zuckt er zusammen.

»Geht's dir gut?«, wiederhole ich meine Frage und füge hinzu: »Wir müssen von der Straße runter. Das ist zu gefährlich. Da vorne ist eine Einfahrt, lass die Maschine einfach dorthin rollen. Dann sehen wir weiter.«

Zum zweiten Mal, seit ich ihn kenne, tut Alex, was ich ihm sage. Noch dazu ohne Widerworte.

»Alles okay«, versuche ich ihn zu beruhigen, als er nach einigen Minuten noch immer auf der BMW sitzt, als wäre er darauf festgewachsen, und ins Leere starrt. In der Zwischenzeit habe ich den Golf ebenfalls in die Einfahrt gefahren und stehe jetzt mit einer Flasche Wasser vor meinem Schüler.

»Hier, trink was«, sage ich. »Das wird dir guttun. Gib mir deinen Helm, ich halte ihn so lange. Du hast Riesenglück gehabt, dass dir nichts passiert ist. Das hätte auch ganz schön übel ausgehen können.«

Es dauert ein paar Minuten, bis ich ihn so weit habe, dass er von der Maschine absteigt und sich auf den Asphalt sinken lässt. Ich gehe neben ihm in die Hocke, und so sitzen wir einfach da und schweigen.

»Könntest du mich vielleicht nach Hause bringen«, fragt mich Alex nach über einer halben Stunde mit brüchiger Stimme. »Das wär echt cool. Ich kann heute keinen Meter mehr fahren.«

Hoppla. So kleinlaut kenne ich ihn gar nicht.

Als ich den Kopf in seine Richtung drehe, sind seine Augen feucht. Ich erschrecke, denn er sieht aus, als wäre er gerade Franz Josef Strauß im Badeanzug begegnet. Was ist nur mit ihm los? So dramatisch war die Situation mit dem Reh nun auch wieder nicht. Irgendwie werde ich nicht schlau aus dem Typen.

»Klar!«, sage ich dennoch, ohne weiter nachzufragen, und stelle die Maschine so hin, dass sie niemanden behindert. Gleich morgen früh um halb acht habe ich wieder eine Überlandstunde, da hole ich sie mit meinem Schüler Bernd einfach ab.

Auf der Rückfahrt redet keiner von uns ein Wort, und ich schalte das Radio an, weil mir die Stille irgendwie unheimlich ist.

Alex hat den Kopf mit geschlossenen Augen gegen die Fensterscheibe gelehnt und drückt mit Daumen und Zeigefinger der Hand gegen die Nasenwurzel. »Danke, Markus«, sagt er und klopft mir auf die Schulter, als ich vor seiner Haustür halte.

»Kein Thema. Erhol dich gut. Bis zu unserer nächsten Stunde hast du den Vorfall sicher vergessen.«

Alex schüttelt den Kopf und steigt aus. Bevor er die Beifahrertür zuschlägt, beugt er sich noch mal zu mir herunter und sagt: »Das werde ich ganz sicher nicht. Mein Vater ist bei einem Wildunfall ums Leben gekommen. Damals war ich sieben und saß mit meiner Schwester hinten im Auto.« Damit wendet er sich ab und geht.

Das sitzt. Ich brauche drei Zigaretten, bis ich losfahren kann. Alex ist übrigens danach nie wieder zu schnell gefahren.

info

Die originellsten Ausreden für Raser

Wer zu schnell fährt und von der Polizei angehalten wird, muss zahlen – da hilft selbst die beste Ausrede nichts, auch wenn sie noch so lustig und abwegig ist.

- »Die Kupplung ist kaputt. Ich kann nur mit Vollgas fahren.«
- »Ich bin auf dem Weg ins Krankenhaus, meine Frau bekommt jeden Moment ein Kind.« (Nur sinnvoll, wenn noch eine weibliche Person mit im Wagen sitzt!)
- »Ich muss aufs Klo. Und zwar dringend.«
- »Ich zu schnell? Kann nicht sein. Mein Tacho hat nur dreißig angezeigt.«
- »Ich bin mit einer supertollen Braut verabredet. Wegen der würden Sie auch zu schnell fahren.«
- »Ich hab gerade meine Tage bekommen und muss dringend Tampons kaufen. Sie wissen schon ...«
- »Ich musste niesen, und dabei wurde mein Fuß automatisch aufs Gaspedal gedrückt.«
- »Mein Tank ist leer, und ich wollte so schnell wie möglich zur nächsten Tankstelle.«
- »Oh, ich dachte, Sie würden erst morgen hier stehen.«
- »Der starke Rückenwind hat meinen Wagen beschleunigt, ich konnte nichts dagegen tun. Echt nicht!«
- »Mein Hamster liegt im Sterben, und ich bin auf dem Weg zum Tierarzt.« (Das Tier sollte man schon vorweisen können ...)

Quelle: www.woxikon.de

Der große Test – Welcher Autofahrertyp bist du?

Menschen sind bekanntlich verschieden. Jeder hat andere Vorlieben und Charakterzüge und damit auch unterschiedliche Toleranz- und Schmerzgrenzen. Nirgends wird das so deutlich wie im Umgang mit dem eigenen Auto. Der eine fährt für sein Leben gern und gibt dabei meist Vollgas, der andere vermeidet jede unnötige Fahrt und benutzt seinen fahrbaren Untersatz nur im Notfall. Einer putzt seinen Wagen öfter als die eigene Wohnung, ein anderer macht einen fahrenden Mülleimer daraus. Mancher hütet sein liebstes Kind wie seinen Augapfel und hält selbst den kleinsten Kratzer für einen Super-GAU, ein anderer betrachtet die Karre als Gebrauchsgegenstand und steht Beulen und Macken völlig emotionslos gegenüber.

Gleiches gilt für den Straßenverkehr. Da wimmelt es nur so von Dränglern, Rasern, Schleichern, Rechtsüberholern, Mittelspurfahrern, Linksbleibern, Verkehrszeichenignorierern, Blinkmuffeln und Verkehrserziehern. Und dazwischen tummeln sich auch noch die unberechenbaren Radfahrer und tagträumende Fußgänger. Nicht selten wird dabei aus dem Miteinander ein Gegeneinander, obwohl – oder gerade weil – alle Beteiligten dasselbe Ziel haben: so zügig wie möglich voranzukommen.

Sobald der Mensch hinterm Steuer sitzt, kommt sein wahres Wesen zum Vorschein, heißt es. Gehörst du, lieber Leser, auch zu den über achtzig Prozent, die von sich behaupten, besser Auto zu fahren als alle anderen? Und wie schätzt du dich selbst ein? Fährst du eher verhalten und besonnen, oder bist du ein Fan von Schaltwegverkürzung und Co.? Bremst du auch für Tiere und kleine Kinder oder nur in spezialgelagerten Sonderfällen? Benutzt du Hupe und Lichthupe öfter als den Blinker, oder hältst du auch nachts um drei an jedem normalen Vorfahrt-gewähren-Schild an, obwohl weit und breit kein anderes Auto zu sehen ist?

Finde es heraus!

Und so funktioniert's: Kreuze jeweils die Antwort an, die deinem typischen Fahrverhalten am ehesten entspricht, und zähle anschließend zusammen, wie oft du dich für Typ A, B, C oder D entschieden hast. Lies dann in der Auflösung im Anhang unter dem Buchstaben nach, den du am häufigsten angekreuzt hast.

Viel Spaß!

1. Es ist 07.36 Uhr am Morgen, starker Berufsverkehr in der Großstadt. Du fährst auf einer zweispurigen Straße, auf der eine Fahrbahn für Pkw und eine für Busse reserviert ist, im Stop-and-go von einer roten Ampel zur nächsten. Du bist spät dran. In etwa 70 Metern wird die für Busse reservierte Fahrbahn zur Linksabbiegerspur, vor dir ist eine lange Schlange, und du willst an der Ampel links abbiegen. Wie verhältst du dich?

☐ Ich spähe ein paarmal in Rück- und Außenspiegel und überlege, ob ich wie die anderen einfach die Busspur benutzen soll, traue mich aber nicht und bleibe daher auf meiner Fahrbahn. (Typ C)

☐ Völlig genervt von den unverschämten Verkehrsrowdys, die die Busspur blockieren, schimpfe ich in meinem Auto vor mich hin und gebe dem Fahrer vor mir per Lichthupe zu verstehen, was ich über sein rücksichtsloses Verhalten denke. (Typ B)
☐ Ich ziehe auf die linke Spur und gebe Vollgas. Sollen die Deppen ruhig warten, ich kann es mir nicht leisten, meine Zeit zu verplempern. Huch, da kam ja gerade ein Bus. Egal, wozu hat der Bremsen! (Typ A)
☐ Von so etwas lasse ich mir die Laune ganz bestimmt nicht verderben. Ich drehe das Autoradio lauter, singe den Song laut mit und komme eben ein bisschen später zur Arbeit. (Typ D)

2. Wie genau hältst du dich an Tempolimits?
☐ Mal ja und mal nein. Das kommt darauf an, wie eilig ich es habe und wo ich gerade fahre. Allerdings achte ich darauf, dass ich nie mehr als 10 km/h zu schnell fahre, damit es nicht zu teuer wird, wenn ich mal geblitzt werde. (Typ D)
☐ Selbstverständlich halte ich mich jederzeit an die vorgeschriebene Höchstgeschwindigkeit, ebenso an alle Überhol- und sonstigen Verbote. Regeln sind nun mal dazu da, dass man sie befolgt. (Typ B)
☐ Eigentlich immer. Außerorts fahre ich manchmal sogar langsamer als vorgeschrieben, vor allem wenn ich mich nicht auskenne, es schon dunkel ist und ich nicht so gut sehe. (Typ C)
☐ Ich fahre so, wie ich es für richtig halte, und nicht, wie irgendwelche Schilder es mir vorschreiben, schließlich beherrsche ich mein Auto aus dem Effeff und weiß, was ich kann. Bloß die Radarfallen nerven. (Typ A)

3. Du kommst an eine Baustelle auf der Autobahn. Vor dir fährt ein monströser Lkw, der noch dazu ein wenig schlingert, mit nur 70 statt der erlaubten 80 km/h. Was machst du?

☐ Ich wechsle auf die linke Spur, überhole den Lkw aber nicht, sondern bleibe die ganze Zeit ein Stück hinter ihm, damit auch niemand sonst an ihm vorbeifährt und womöglich gefährdet wird. Sicher ist sicher, auch wenn sich der eine oder andere Fahrer hinter mir jetzt aufregen wird. (Typ B)

☐ Um Himmels willen! Niemals würde ich mich an dem vorbeitrauen, so eng, wie das ist. Sollen die anderen machen, was sie wollen, ich bleib schön hinter dem Lkw auf der rechten Spur und fahre ebenfalls 70. (Typ C)

☐ Wo ist das Problem? In Baustellen fahre ich grundsätzlich knapp 20 km/h schneller als erlaubt, dann komme ich gerade noch so davon, sollten sie mich blitzen. Ich gebe also einfach Gas und ziehe an dem Laster vorbei. Wenn er mir den Spiegel abfährt, kann er sich auf was gefasst machen – meine Rechtsschutzversicherung ist top. (Typ A)

☐ Och, ich fahre mal daneben und versuche abzuschätzen, ob ich gut an dem Lkw vorbeikomme. Wenn ja, gucke ich starr geradeaus und trete aufs Gas, dann hab ich's schneller hinter mir. Kommt der Lkw mir dagegen zu nahe, breche ich den Überholvorgang ab und zuckele eben hinter ihm her. (Typ D)

4. Wenn du Alkohol getrunken hast, dann …

☐ … kommt's darauf an, wie viel und über welchen Zeitraum. Ein, zwei Bierchen oder ein Glas Wein am Abend sind nicht weiter schlimm, und wenn's ein

Glas mehr wird, versuche ich abzuschätzen, ob ich noch fit genug zum Fahren bin. Falls nicht, bleibt die Karre stehen. (Typ D)

☐ ... bin ich garantiert nicht mit dem Auto unterwegs, das wäre grob fahrlässig und unverantwortlich. (Typ B)

☐ ... macht Autofahren erst richtig Spaß. Wie war das noch? Tragt mich zum Auto, und ich fahre euch alle heim. (Typ A)

☐ ... nehme ich vorsichtshalber lieber ein Taxi, auch wenn ich nur ein kleines Bier oder 0,1 Liter Wein getrunken habe. Vor einer Alkoholkontrolle hab ich zu viel Bammel. (Typ C)

5. Du bist im Winter auf einer Landstraße unterwegs, auf der Tempo 70 erlaubt ist, und es schneit. Der Räumdienst war noch nicht unterwegs, die Straßen sind schneebedeckt. Vor dir zuckelt ein Kleinwagen mit Tempo 30 dahin und bremst zwischendurch immer wieder ab. Auf der Gegenfahrbahn ist ziemlich viel los. Was tust du?

☐ Selbstverständlich halte ich den vorgeschriebenen Sicherheitsabstand bei schwierigen Straßenverhältnissen ein und fahre – jederzeit bremsbereit – hinter dem Wagen her. Überholen ist bei diesen Witterungsbedingungen und dem Gegenverkehr viel zu gefährlich, außerdem muss man bei diesem Wetter immer damit rechnen, dass ein anderer Verkehrsteilnehmer in Schwierigkeiten gerät. (Typ B)

☐ Ich würd zwar schneller fahren, aber egal. Wenn sich eine ausreichend große Lücke im Gegenverkehr auftut, überhole ich, ansonsten nicht. Den Spaß am Autofahren lasse ich mir von der lahmen Ente jedenfalls nicht verderben. (Typ D)

☐ Da ich selbst im Winter wegen der unberechenbaren Straßenverhältnisse nur im Notfall ins Auto steige und entsprechend unsicher bin, fahre ich selbst genauso zögerlich und langsam wie mein Vordermann. (Typ C)
☐ Oh Mann, soll die Kriechschnecke doch zu Hause auf dem Sofa hocken bleiben, wenn sie zu feige ist, um bei Schnee richtig Auto zu fahren! Ich fahre mehrmals dicht auf und betätige die Lichthupe, um sie zum Gasgeben zu animieren. Wenn das nicht funktioniert, warte ich auf eine Lücke im Gegenverkehr, ziehe vorbei und schere knapp vor ihr wieder ein, um ihr einen kleinen Schrecken einzujagen. Schließlich habe ich nagelneue Winterreifen drauf, da kann mir gar nichts passieren. (Typ A)

6. Wie hast du dich auf die theoretische Führerscheinprüfung vorbereitet?

☐ Ich hab gelernt wie verrückt, trotzdem kann es sein, dass mir meine Prüfungsangst einen Strich durch die Rechnung macht. In der Nacht davor kann ich sicher nicht schlafen, genau wie bei der praktischen Prüfung. (Typ C)
☐ Selbstverständlich habe ich die Bögen mit den Fragen durchgearbeitet und mich dabei besonders auf die technischen Fragen konzentriert. Mir kann nichts passieren, denn ich bin bestens vorbereitet. (Typ B)
☐ Ich hab mir zwar die App mit den Fragebögen aufs Handy geladen, aber dann hatte ich doch weniger Zeit als gedacht, mir alle Fragen noch mal anzusehen. Ach, es wird schon gutgehen, »Mut zur Lücke« heißt es doch immer. (Typ D)

☐ Wieso vorbereitet? Ich hab mir bei den Pflichtstunden im Theorieunterricht den Hintern in der Fahrschule platt gesessen (wenn nicht mein Kumpel für mich auf der Anwesenheitsliste unterschrieben hat). Das muss reichen! (Typ A)

7. Es ist Punkt Mitternacht, als du innerorts auf eine verlassene Kreuzung zufährst. Die Ampel vor dir, die eben noch grün war, schaltet sich aus und fängt dann an, gelb zu blinken. Wie verhältst du dich, wenn sich neben der Ampel ein Stoppschild befindet?

☐ Von so was lasse ich mich nicht weiter beeindrucken und fahre zügig weiter über die Kreuzung. Schließlich will ich geradeaus, da hat man immer Vorfahrt. (Typ A)

☐ Wenn wirklich weit und breit keiner zu sehen ist, fahre ich ein bisschen langsamer und überquere die Kreuzung, ohne vorher anzuhalten. Sobald andere Verkehrsteilnehmer da sind, halte ich erst an und fahre dann weiter. (Typ D)

☐ Huch, was ist denn da los? Vor Schreck trete ich erst mal auf die Bremse, fahre dann ganz langsam an die Kreuzung und bleibe stehen. Wenn doch jetzt nur einer vor mir unterwegs wäre, dann könnte ich's genauso machen wie der. (Typ C)

☐ Offenbar wird um 0.00 Uhr die Ampel ausgeschaltet, weshalb automatisch das Stoppschild gilt. Ich halte also an der Haltelinie an, fahre vor bis zur Sichtlinie, und wenn die Straße frei ist, überquere ich sie. (Typ B)

8. Du bist bei wenig Verkehr auf einer kurvenreichen Landstraße unterwegs. Wie fährst du?

☐ Nicht anders als sonst auch: besonnen, sicher und selbstverständlich unter Einhaltung aller geltenden Regeln der StVO. (Typ B)

☐ Endlich kann ich die Karre inklusive sämtlicher Assistenzsysteme mal wieder an ihre Grenzen bringen. Ich fahre die Gänge voll aus und teste, wie weit ich gehen kann. Wer mir in die Quere kommt, wird gnadenlos überholt. Das macht richtig Laune! (Typ A)

☐ Je nachdem, ob ich es eilig habe oder nicht, bin ich mit mehr oder weniger normaler Geschwindigkeit unterwegs. Wenn alles frei ist, schneide ich auch schon mal die Kurven, damit ich nicht so viel lenken muss. (Typ D)

☐ Langsam und vorsichtig wie immer, da mir Kurven nicht ganz geheuer sind. Lieber gehe ich ein bisschen zu früh vom Gas und bremse ordentlich runter, bevor ich zu schnell in eine Kurve fahre und auf die Gegenfahrbahn oder gar ins Schleudern komme. (Typ C)

9. Auf dem Supermarktparkplatz ist die Hölle los. Alle Stellplätze sind belegt bis auf den Behindertenparkplatz direkt vor der Tür und eine Lücke zum rückwärts Einparken, die allerdings mehr als knapp aussieht. Was nun?

☐ Ich hätte sowieso den Platz direkt vor der Tür genommen, auch wenn weiter hinten noch was frei gewesen wäre. Ich schleppe doch nicht meine Einkäufe quer durch die Gegend, wenn's auch anders geht. (Typ A)

☐ Kommt darauf an, wie viel ich einkaufen möchte. Wenn ich nur schnell zum Bäcker muss, stelle ich mich mit eingeschaltetem Warnblinker auf den Behindertenplatz und beeile mich. Ansonsten versuche ich mich in die Lücke zu quetschen, wobei ich auch schon mal vorsichtig die Stoßstange von Vorder- oder Hintermann berühre. Komme ich beim dritten Anlauf nicht rein, warte ich eben, bis wer wegfährt. (Typ D)

☐ Selbstverständlich würde ich niemals auf dem Behindertenstellplatz parken, wo kämen wir denn da hin! Ich halte kurz neben der engen Parklücke, um die Abmessung abzuschätzen, und parke dann ein. Ich muss zwar ziemlich kurbeln, aber hinterher steht der Wagen perfekt in der Lücke. (Typ B)

☐ Oje, oje, Einparken ist ja gar nicht mein Ding. Am liebsten würde ich mich einfach auf den breiten Behindertenparkplatz stellen, aber das kann ich ja nicht machen. In die enge Lücke komme ich nie rein, also fahre ich wieder weg und gehe lieber ein andermal einkaufen. (Typ C)

10. Du hast den Führerschein in der Tasche und bekommst zum achtzehnten Geburtstag einen Sparvertrag von deiner Oma, auf dem genügend Geld für ein kleines neues oder größeres gebrauchtes Auto ist. Was kaufst du dir?

☐ Ganz klar: Die Karre muss cool aussehen und viel PS haben. Wenn das Geld dafür nicht reicht, nehme ich eben einen Kredit auf. Da bin ich schmerzfrei. (Typ A)

☐ Das überlasse ich ganz sicher nicht dem Zufall. Geringer Spritverbrauch, ordentliche CO_2-Werte, eine günstige Versicherungsklasse und Sicherheit sind mir wichtiger als eine bestimmte Marke. Ich hab da schon zwei Modelle im Auge und warte nur noch ab, welches den Autotest in der Fachpresse gewinnt. (Typ B)

☐ Das gleiche Modell wie mein Fahrschulauto. Mit dem kenne ich mich aus und muss mich nicht umgewöhnen. So fühle ich mich am Anfang sicherer beim Fahren. (Typ C)

☐ Mal sehen, was mir so unterkommt. Vielleicht wird das Auto auch 'ne Nummer kleiner, und ich kaufe mir von dem restlichen Geld noch ein neues Sofa. (Typ D)

11. Sonntagvormittag auf der Autobahn: Du fährst mit 160 Sachen auf der linken Spur, rechts ist kaum Verkehr. Nach einer Kuppe bemerkst du etwa 200 Meter vor dir einen anderen Verkehrsteilnehmer, der sichtlich langsamer fährt. Was machst du?

☐ Bevor ich wegen der Schnarchnase vom Gas gehe, gebe ich mehrmals Lichthupe und blinke links, damit der andere mir Platz macht. Weicht er nicht aus, fahre ich richtig dicht auf, und zwar so lange, bis er mich bemerkt und die Spur wechselt. Hilft auch das nichts, überhole ich rechts. (Typ A)

☐ In aller Regel halte ich mich an die Richtgeschwindigkeit. Dennoch: Ich bremse frühzeitig ab und fahre mit dem nötigen Sicherheitsabstand hinter ihm her, bis er mich bemerkt. Sieht er mich nicht und die rechte Fahrbahn ist frei, wechsle ich, ohne zu überholen, nach Spiegel- und Seitenblick die Spur, um mich an das Rechtsfahrgebot zu halten. (Typ B)

☐ Ob ich jetzt 20 km/h schneller oder langsamer fahre, ist mir nicht so wichtig. Meine Geschwindigkeit auf der Autobahn schwankt sowieso stark, je nachdem, welche Musik ich höre. Wenn er mich nicht bemerkt, bleibe ich eben so lange hinter ihm, bis er mich vorbeilässt oder schneller wird. Das passt schon. (Typ D)

☐ Das kann mir nicht passieren, da ich auf der Autobahn niemals schneller als 120 km/h fahren würde. Meistens überholen mich daher eher andere Verkehrsteilnehmer. (Typ C)

12. Du bist in einem Wohngebiet unterwegs, in dem viele Einfamilien- und Reihenhäuser stehen, die zulässige Höchstgeschwindigkeit beträgt 30 km/h. Etwa 40 Meter vor dir siehst du spielende Kinder auf dem Gehweg. Wie verhältst du dich?

☐ Wenn die Kinder nicht gerade Ball spielen, mache ich mir keine großen Sorgen, dass eines von ihnen auf die Straße laufen könnte. Trotzdem behalte ich sie im Auge, nur für alle Fälle. (Typ D)

☐ Ganz klar: Ich fahre unverändert weiter, was sonst? Was interessieren mich die Kids fremder Leute. Die haben schließlich Eltern, die auf sie aufpassen können. (Typ A)

☐ Ich halte erst mal an und versuche, die Kinder durch Winken auf mich aufmerksam zu machen. Haben sie mich gesehen, fahre ich im Schritttempo an ihnen vorüber und lasse sie dabei nicht aus den Augen, damit ja nichts passiert. (Typ C)

☐ Da man im Wohngebiet immer mit spielenden Kindern rechnen muss, bin ich ohnehin bremsbereit und beobachte die Kleinen ganz genau. Sobald eines Anstalten macht, den Gehweg zu verlassen, lasse ich die Scheibe herunter und belehre sie über korrektes Verhalten im Straßenverkehr. (Typ B)

Alles für Benji

Sigi

Ich kenne keinen Menschen, der so nah am Wasser gebaut hat wie die zwanzigjährige Luisa. Es vergeht nicht eine Fahrstunde, in der – aus welchen Gründen auch immer – keine Tränen fließen und wir nicht mindestens ein Päckchen Taschentücher verbrauchen. Inzwischen habe ich ihretwegen sogar schon einen kleinen Vorrat im Handschuhfach angelegt. Schließlich will ich nicht noch einmal mitten im Stadtverkehr einen Stau provozieren, weil meine Schülerin vor lauter Weinen nichts mehr sieht und nicht weiterfahren kann, nur weil kein Tempo zur Hand ist.

»Du schaffst das, jetzt komm!«, rede ich ihr gut zu wie einem störrischen Pferd.

Der Vergleich passt, denn Luisa macht das hier alles nur wegen ihrem fünfzehnjährigen Wallach, den sie über alles liebt. Benji ist ein Hannoveraner, wie sie mir erklärt hat, und liebt es, Hänger zu fahren. Zwar kann ich mir für ein Pferd wahrlich angenehmere Beschäftigungen vorstellen als Anhängerfahren, etwa auf der Weide stehen und Gras fressen, aber egal. Ich muss es nicht nachvollziehen können, es reicht, wenn ich Luisa das Fahren mit Anhänger beibringe. Damit bin ich zur Genüge beschäftigt, denn selbst nach gut sechzehn Fahrstunden bekommt sie, sobald etwas Unvorhergesehenes passiert, so heftige Weinkrämpfe, dass sie das Wichtigste vergisst: weiter Auto zu fahren.

»Sigi, das klappt nie! Da passen wir im Leben nicht durch«, fängt sie an zu jammern, als sie in einer ziemlich engen Seitenstraße an einem in zweiter Reihe geparkten Lieferwagen vorbeifahren soll und sich wieder mal nicht traut. »Ich weiß es jetzt schon, das wird genauso eine Katastrophe wie damals beim Autoführerschein!«

Die Verzweiflung steht Luisa ins Gesicht geschrieben, und zuverlässig wie eh und je bekommt ihre Stimme einen weinerlichen Klang. Sie bläst sich eine Strähne ihrer roten Haare aus dem sommersprossigen Gesicht, während ihre Unterlippe anfängt zu beben. Kein gutes Zeichen.

»He, junge Dame, das ist die völlig falsche Einstellung!«, versuche ich sie zu beruhigen. »Natürlich passen wir hier durch. Wenn uns der Lieferwagen auf der anderen Fahrspur entgegenkäme, würdest du dir doch auch keine Gedanken machen. Du wechselst einfach auf die Gegenfahrbahn und überholst. Wo ist das Problem?« Mein prüfender Blick ruht auf ihrem vor Anspannung geröteten Gesicht.

Ihre grünen Augen werden verdächtig feucht. »Ach, weiß auch nicht! Wahrscheinlich, weil bald Prüfung ist. Schließlich ist das jetzt schon der dritte Versuch.«

»Keine Sorge, ich melde dich erst zur Prüfung an, wenn ich mir ganz sicher bin, dass du auch bestehst. Ich sag dir, wenn es so weit ist, ja?«

Meine Schülerin hat den Autoführerschein erst im dritten Anlauf geschafft und auch in der Klasse BE, also Pkw mit Anhänger, bereits zwei Fehlversuche hinter sich. Allerdings bei einer anderen Fahrschule – immerhin ein kleiner Trost in diesem gewaltigen Tal der Tränen. Nichtsdestotrotz sind ihre, den noch ausstehenden mitgezählt, insgesamt sechs Anläufe rekordverdächtig. Wir haben inzwischen Ende Oktober, und wenn tatsächlich nächste Woche wie angekündigt der erste Schnee fällt, können wir noch mal von vorne anfangen.

»Das heißt also, ich bin noch gar nicht so weit?« Mit großen Augen sieht sie mich an und hört wie jedes Mal, wenn sie irritiert ist, einfach auf, Auto zu fahren.

Ich trete aufs Gas und deute nach vorne. »Luisa, da musst du hinschauen, sonst wird das nie was! Auf der Straße ist man selten allein unterwegs, da ist es von Vorteil, wenn man die anderen Verkehrsteilnehmer im Blick behält.«

»Sorry!« Sie konzentriert sich, und keine zehn Sekunden später haben wir den Lieferwagen hinter uns gelassen.

Ich grinse sie an. »Was genau war daran jetzt so schwer?«

»Nix«, sagt sie und lächelt schüchtern zurück.

Dieses Mädchen ist echt ein Phänomen. Ich hatte wahrlich schon viele Fahrschüler, aber so ein Nervenbündel ist mir noch nie zuvor untergekommen. Wenn sie sich aufregt, kann sie sich in ihre Hysterie hineinsteigern, dass einem angst und bange wird. Sie ist dann weder in der Lage, auf den Verkehr zu achten noch das Fahrzeug zu steuern, sondern sitzt nur noch da wie das Kaninchen vor der Schlange und ist völlig handlungsunfähig. Inzwischen weiß ich damit umzugehen, aber anfangs hat es mich jedes Mal rasend gemacht, wenn sie einen dieser Totalaussetzer hatte.

Grundsätzlich bin ich der Meinung, dass Strenge und Disziplin noch keinem geschadet haben, weshalb ich von meinen Schülern erwarte, dass sie in jeder Fahrstunde voll bei der Sache sind und ihr Bestes geben. Daher ist mein Tonfall gerne mal etwas rauer, wenn auch immer herzlich. Bei Luisa komme ich damit jedoch nicht weiter. Sobald ich die Stimme erhebe, was so gut wie nie böse gemeint ist, bricht sie in Tränen aus, und die Fahrstunde ist gelaufen. Da heißt es noch vorsichtiger sein als sonst, schließlich soll sie am Ende mit einem Erfolgserlebnis nach Hause gehen.

Abgesehen vom Überholen und Rückwärtsfahren, das wir zu Beginn jeder Fahrstunde konsequent üben, ohne dass es viel besser wird, hat Luisa vor allem ein Problem beim Anfahren. Meist gibt sie zu wenig Gas und lässt die Kupplung zu schnell los, weshalb sie einfach nicht vom Fleck kommt oder den Motor gleich ganz abwürgt. Das passiert ihr vorzugsweise an vielbefahrenen Kreuzungen und wenn jemand hinter ihr zu dicht auffährt. In solchen Momenten wird sie hektisch, und nichts klappt mehr, und dann fließen als Nächstes die Tränen.

»Solange du das Anfahren nicht besser draufhast, brauchen wir an die Prüfung nicht zu denken«, erkläre ich ihr noch mal am Ende der Fahrstunde. »Ich kann dir nicht helfen in der Prüfung – sobald ich die Pedale berühre, ertönt ein akustisches Signal, und du bist durchgefallen.«

»Ich weiß.« Luisa klingt resigniert, als sie den Wagen abschließt und mir den Schlüssel in die Hand drückt. »Ich werde mir Mühe geben, okay?«

»Keine Sorge, du schaffst das!«, verspreche ich ihr und meine es auch so. »Ich lass mir was einfallen.«

Aber so weit kommt es gar nicht, denn in der nächsten Fahrstunde hat Luisa eine Überraschung für mich. Meine Kollegen und ich sitzen gerade in der Herbstsonne auf der Holzbank und essen zu Mittag. Zwischen zwölf und halb eins ist Pause, und meistens bringt einer von unterwegs etwas vom Metzger oder Schnellimbiss mit. Heute war Markus dran, der eine Vorliebe für LKS hat. Für alle Nichtbayern: Das sind »Leberkässemmeln«, Brötchen mit einer Scheibe warmem Fleischkäse. Nicht das Gesündeste, aber lecker und vor allem unkompliziert. Ehe wir hier groß mit Besteck und Teller rumbalancieren, nehmen wir lieber was auf die Hand.

Da kommt meine Fahrschülerin um die Ecke, ganze sieben Minuten zu früh. Sie wünscht uns einen guten Appetit und setzt sich vor uns auf den warmen Steinboden, bis ich aufgegessen habe und wir loskönnen.

»Stell dir vor, Sigi, ich hab übers Wochenende heimlich geübt«, flüstert sie mir verschwörerisch zu.

»Was genau?«

Luisas Augen funkeln schelmisch. »Anfahren mit Anhänger«, erklärt sie.

»Was? Sag mir jetzt bitte nicht, du bist schwarzgefahren. Das find ich gar nicht …«

»… gut, ich weiß«, beendet sie meinen Satz. »Keine Sorge, es war nicht auf der Straße.«

»Auf einem Parkplatz? Das ist auch nicht besser«, schimpfe ich los. »Wo hast du überhaupt einen Anhänger herbekommen?«

Das Grinsen wird breiter. »Aus dem Schreibwarenladen.«

Ich verstehe nur Bahnhof, meine Fahrschülerin dagegen amüsiert sich prächtig.

»Es war nicht wirklich mit Anhänger«, erklärt sie und berichtet mir dann, wie sie mit zwei Lochern, auf die sie die Füße gestellt hat, das Zusammenspiel von Kupplung und Gas geübt hat. »Das hat nach einer Weile ganz schön in den Waden gezogen«, plappert sie munter weiter. »Du glaubst gar nicht, wie anstrengend das ist, den Hebel von dem Ding die ganze Zeit runterzudrücken und nur langsam hochkommen zu lassen. Ich hab mir eingeredet, dass es wie beim Anfahren mit dem Hänger ist, weil das ja auch länger dauert, als wenn man ohne losfährt.«

Ich muss spontan an den uralten Sketch mit Diether Krebs und Iris Berben denken. Die beiden sitzen im Wohnzimmer in zwei Ohrensesseln, vor ihr auf dem Boden ein alter Stiefel, der das Gaspedal sein soll, eine Tüte Makkaroni als Bremse und das Telefon als Kupplung. Er versucht ihr die Benutzung von Gas und Kupplung beizubringen, während sie mit einem Kochlöffel in einem riesigen Blumentopf voller Sand rumrührt und Schalten übt.

»Na, dann bin ich aber mal gespannt, ob es gleich auch so gut klappt wie zu Hause«, sage ich amüsiert. »Hier ist der Schlüssel, mach es dir schon mal bequem und stell dir die Spiegel ein. Ich bin gleich bei dir, geh nur noch mal schnell Hände waschen.«

Als ich kurz darauf am Wagen ankomme, sitzt meine Schülerin ratlos hinter dem Lenkrad und starrt den Autoschlüssel an, einen kleinen schwarzen Transponder, der via Funkverbindung die Türen ent- und verriegeln kann. Durch das offene Seitenfenster beobachte ich, wie sie das Ding mehrfach hin und her dreht und von allen Seiten begutachtet. Immer wieder versucht sie mit dem Fingernagel den Schlüsselbart herauszuklappen, der an der Längsseite des Plastikteils sichtbar ist, rutscht jedoch jedes Mal ab und reißt sich schließlich den Nagel ein. Ich sehe sie fluchen, öffne die Beifahrertür und lasse mich auf meinen Sitz sinken.

»Sigi, der Schlüssel ist kaputt. Er lässt sich nicht ausklappen!«

Für den Bruchteil einer Sekunde frage ich mich, ob Luisa mich gerade zum Narren halten will, schließlich hat sie seit zweieinhalb Jahren den Führerschein Klasse B und lebt allem Anschein nach nicht hinter dem Mond. Gut, sie fährt einen uralten Polo, den man von Hand aufschließen muss. Nichtsdestotrotz hat sie ganz sicher schon mal so einen Funksender mit ausgeklapptem Zündschlüssel gesehen, und zwar während ihrer gesamten Anhängerausbildung bei mir. Aber offenbar war der Schlüssel zufällig jedes Mal schon ausgeklappt.

Luisa wirkt ernsthaft verzweifelt, als sie erneut an dem Schlüsselbart herumpult. Da ich sie nicht länger leiden lassen will, sage ich: »Du musst auf den Knopf drücken, dann springt der Schlüssel raus.«

»Aaaaah, danke!«, erwidert sie und beginnt zu drücken.

»Tok.« Sie hat uns eingeschlossen. Ist das die Möglichkeit? »Tok.« Sie entriegelt das Auto wieder. »Tok. Tok.« Verriegeln, entriegeln. »Tok. Tok.« Ein verwirrter Blick zu mir, dann noch mal von vorne: »Tok. Tok.« Verriegeln, entriegeln.

Bleib jetzt ganz ruhig, Sigi, denke ich. Ganz, ganz ruhig. Da muss sie selbst draufkommen.

»Tok. Tok.«

Soll ich warten, bis die Batterien im Sender leer sind?

»Tok. Tok.«

Ist das hier am Ende vielleicht *Versteckte Kamera* oder *Verstehen Sie Spaß*? Ich kann's nicht fassen.

»Luisa! Auf den silbernen Knopf.«

Sie drückt – und kurz darauf erhellt sich ihr Gesicht mit einem Strahlen. Wir fahren – endlich! – los.

Acht Tage später hat sich Luisas Fahrleistung so weit stabilisiert, dass ich sie für prüfungsreif halte. Zwar kullern ihr ab und zu immer noch Tränen über die Wangen, etwa wenn sich der Anhänger beim Rückwärtsfahren mal wieder in die falsche Richtung bewegt, nämlich entgegengesetzt zum Lenkradeinschlag und nicht, wie sie es gerne hätte, in die Richtung, in die sie auch lenkt. Aber hysterische Totalausfälle gab es nun schon seit gut zwei Wochen keine mehr.

Als sie Fahrzeug und Hänger am Ende der Fahrstunde vorschriftsmäßig auf dem Parkstreifen in der Heinrich-Wieland-Straße abstellt, drehe ich mich zu ihr und sage: »Na, was meinst du? Sollen wir dich mal langsam für die praktische Prüfung anmelden.«

Sie schluckt. »Echt jetzt?«

»Ich sage so etwas nicht, wenn ich es nicht so meine«, erwidere ich und zwinkere meiner Schülerin aufmunternd zu. »Natürlich nur, wenn du es dir zutraust. Du musst es schon wollen. Sonst wird's nix.«

Zögerlich zuckt Luisa die Schultern. »Okay, irgendwann muss es ja mal klappen.«

Wir verabschieden uns, und ich sehe ihr noch nach, wie sie mit sichtbar weichen Knien davongeht. Kurz flackert der Gedanke in mir auf, dass es doch zu früh sein könnte, aber ich schiebe ihn energisch beiseite. Luisa kann Auto fahren, auch mit Hänger.

Sie macht sich bloß verrückt dabei! Etwas mehr Biss würde ihr (wie so manch anderem in ihrem Alter) sicher nicht schaden, sie lässt sich extrem leicht verunsichern und will dann immer gleich aufgeben. Eine Angewohnheit, für die ich nur schwer Verständnis aufbringen kann. Schließlich ist so ein Führerschein nicht gerade billig. Da höre ich doch nicht mittendrin auf, nur weil's nicht gleich auf Anhieb klappt. Wobei ich durchaus nachvollziehen kann, dass bei der sechsten Fahrprüfung irgendwann mal alle Nerven blank liegen und man sich selbst so viel Druck macht, dass man ihn kaum ertragen kann.

Ach was, Luisa schafft das schon, beruhige ich mich selbst, ich habe sie bestens vorbereitet – auf alles.

Na ja, vielleicht nicht auf *wirklich* alles. Mit einem haben wir beide nämlich nicht gerechnet: dem Prüfer. Als Luisa am Morgen ihrer praktischen Fahrprüfung die Hohenbrunner Straße entlangkommt, stehe ich mit zwei Kollegen vor der Fahrschule in der Sonne und unterhalte mich über das Bayernspiel vom vergangenen Abend. Die Roten haben mal wieder haushoch gewonnen, und ich bin voll in meinem Element, als ich von Neuers souveränen Paraden schwärme. Auf den FCB lasse ich als eingefleischter Fan nichts kommen, denen kann derzeit kein anderer deutscher – und auch kein europäischer – Verein das Wasser reichen.

Aufgekratzt begrüßt mich meine Schülerin, ehe sie hineingeht, um die Formalitäten zu erledigen. Sie wirkt nervös, scheint aber gut drauf, motiviert und zuversichtlich zu sein.

Als sie fünf Minuten später wieder aus dem Büro herauskommt, parkt der Prüfling vor ihr gerade direkt vor unserer Nase ein. Er steigt aus und bespricht mit seinem Fahrlehrer und dem Prüfer die Fahrt, ehe er seinen Führerschein ausgehändigt bekommt.

Auf einmal wird Luisa käsebleich, reißt die Augen auf und sagt nur: »Scheiße.« Sie lässt sich auf die Holzbank neben der Eingangstür sinken und bricht im selben Augenblick in Tränen aus.

Was ist denn jetzt passiert?, frage ich mich, denn ich weiß beim besten Willen nicht, was diesen Gefühlsausbruch ausgelöst haben könnte. Dann fällt mein Blick auf den Prüfer, und ich ahne Böses.

Nun hat auch er meine Fahrschülerin entdeckt und sagt: »Guten Morgen, Frau Müller. Wir kennen uns ja schon«, und widmet sich wieder dem vorangegangenen Prüfling, um die letzten Formalitäten zu erledigen.

»Morgen«, stammelt Luisa.

Dann springt sie von der Bank auf, zerrt mich um die Ecke, damit uns niemand sehen kann, und wirft sich mir heulend an die Brust. Die sorgfältig getuschten Wimpern halten den Tränenbächen nicht lange stand und malen schwarze Streifen auf ihre sommersprossigen Wangen.

Ich zücke ein Taschentuch, damit sie sich die Nase schnäuzen kann, und warte, bis sie wieder in der Lage ist zu sprechen.

»Das… das… das ist…«, stammelt sie. »Den… den kenne ich.«

»Ich hab's mir gedacht, als er dich mit Namen begrüßt hat«, seufze ich. Ein weiteres Taschentuch ist vonnöten, und ich zupfe es aus der Packung.

»Der… der hat mich schon zweimal durchrasseln lassen. Da brauche ich doch heute gar nicht loszufahren! Der ist bestimmt total voreingenommen und hält mich für eine blöde Gans, die nix kann. Was machen wir denn jetzt, ich…« Sie redet wie ein Wasserfall, ohne Punkt und Komma und leider auch ohne zu atmen. Der nächste Anfall droht. »Ich fahr nicht!«

»Und ob du fährst!« Huch, das klang um einiges schärfer als gewollt. »Gekniffen wird nicht.« Ich lege ihr eine Hand auf den Rücken und schiebe sie vor mir her bis zum Eingang der Fahrschule, wo der Prüfer schon auf uns wartet. Natürlich hat er längst geblickt, was los ist, und kommt uns entgegen.

»Keine Sorge, Frau Müller«, sagt er freundlich, »Sie schaffen das schon! Ich kenne Herrn Roth sehr gut, der meldet nur sichere Kandidaten für die Prüfung an. Vertrauen Sie ihm.« Er hält kurz inne. »Und sich selbst.«

Das wirkt.

Luisa reibt sich über die feuchten, schwarz umrandeten Augen und strafft die Schultern. »Okay, ich tu's für Benji. Ich darf ihn nicht schon wieder enttäuschen.«

Der Prüfer wirft mir einen verwunderten Blick zu, fragt aber zum Glück nicht nach. Ich würde ihm nur ungern erklären, wie eng die Beziehung zwischen Luisa und ihrem Pferd ist.

Die praktische Fahrprüfung in der Klasse BE beginnt meist mit dem Verbinden von Anhänger und Zugfahrzeug. Hätte Luisa beim letzten Mal den technischen Teil bestanden, müsste sie heute nur fahren, doch leider war sie im ersten Versuch so nervös, dass sie komplett durchgefallen ist und daher nun eine der beiden Technikaufgaben lösen muss.

Die einzelnen Handgriffe haben meine Schülerin

und ich inzwischen so oft geübt, dass sie nicht mehr darüber nachdenken muss. Sie fährt den Wagen bis knapp vor die Anhängerkupplung, vergewissert sich, dass Unterlegkeile vor den Rädern des Anhängers liegen, und löst dessen Handbremse. Dann umfasst sie den Griff vom Kupplungsmaul mit der Rechten, kurbelt mit der Linken das Stützrad bis zum Anschlag hoch und fixiert es. Anhand des grünen Rings vergewissert sie sich, ob die Anhängerkupplung richtig eingerastet ist, ehe sie das Abreißseil befestigt und den Elektroanschluss mit dem Zugfahrzeug verbindet. Nachdem sie die Keile vor den Reifen des Anhängers weggenommen sowie eine Licht- und Bremskontrolle durchgeführt hat, sind wir abfahrbereit.

Eine Minute später sitzen wir im Wagen, und meine Fahrschülerin dreht den Zündschlüssel um. Die ersten hundert Meter könnte uns vermutlich jede Schnecke überholen, aber immerhin gibt sie genügend Gas, um den Motor nicht abzuwürgen. Der Prüfer wirkt völlig entspannt und ist offenbar gewillt, Luisa ein bisschen Zeit zu geben, um sich einzufinden.

»Na, Herr Roth, was sagen Sie denn zum Sieg vom FC Bayern in der Champions League gestern Abend?«, beginnt er ein unverfängliches Gespräch mit mir – was ein gutes Zeichen ist.

Ein besseres Thema hätte er nicht aufgreifen können. Die Euphorie von vorhin hält noch an, abgesehen davon, könnte ich den ganzen Tag über meinen Lieblingsverein reden. »Spitze! Ich war im Stadion und kann nur sagen: erste Sahne.«

»An der nächsten Kreuzung bitte rechts abbiegen«, wendet der Prüfer sich nun an die Fahrschülerin.

Luisa bremst zwar ein bisschen zu früh, blickt aber

vorschriftsmäßig in alle Spiegel und bemerkt auch den Radfahrer, der von rechts auf dem Radweg angebraust kommt. Sie lässt ihn durch und fährt vorsichtig los, wobei sie den Verkehr auf der Vorfahrtsstraße gut im Blick hat und ausreichend weit ausholt, damit der Hänger nicht über den Bordstein rumpelt.

»Sehr gut, Frau Müller«, lobt der Prüfer.

Sofort strahlt Luisa übers ganze Gesicht und umklammert das Lenkrad nicht mehr ganz so fest wie vorher.

»Alles für Benji, nur für meinen Benji«, murmelt sie, und ich nicke ihr aufmunternd zu.

Wir kommen gut durch die Stadt, und selbst das Auffahren auf die Autobahn klappt so gut wie selten zuvor. Mit jedem Meter wird Luisa selbstbewusster, und meine Zuversicht, dass diesmal alles gutgeht, steigt von Minute zu Minute. Zwar bleibt sie knapp unter den erlaubten achtzig Stundenkilometern, aber das wird ihr ganz sicher nicht das Genick brechen. Wenn sie so weiterfährt, hat sie den Schein in knapp vierzig Minuten in der Tasche.

»An der nächsten Ausfahrt fahren wir von der Autobahn ab und halten uns Richtung Ottobrunn«, lautet die nächste Anweisung des Prüfers.

»Wird gemacht!« Luisa ist sichtlich guter Laune, doch vor lauter Vorfreude vergisst sie beim Abbiegen auf den Verzögerungsstreifen zu blinken. Aber was das angeht, gilt glücklicherweise die Regel »Einmal ist keinmal«.

Kurz darauf stehen wir auf dem weitläufigen Parkplatz eines Industriegeländes, wo meine Schülerin die Grundfahraufgabe lösen soll: rückwärts um die Ecke fahren. Im ersten Versuch steht sie ein bisschen weit vom Bordstein weg, doch nach zwei Korrekturzügen muss ich sagen: Hut ab, besser geht's nicht.

Puh. Selbst wenn ich es mir auf keinen Fall anmerken lassen will, aber auch von mir fällt die Anspannung ab. Luisa stellt sich hervorragend an. Als sie vor ein paar Wochen als zitterndes Nervenbündel bei mir ankam, hätte ich es nicht für möglich gehalten, dass wir beide so glimpflich davonkommen.

»So, Frau Müller, die Zeit ist so gut wie um, wir müssen uns langsam auf den Rückweg zur Fahrschule machen. Wenn Sie so souverän weiterfahren, haben Sie es bald geschafft«, startet der Prüfer den gut gemeinten Versuch, Luisa ein letztes Mal zu motivieren.

Man soll den Tag ja nie vor dem Abend loben, richtig? Glimpflich davonkommen ... dass ich nicht lache! Und gut gemeint ist bekanntlich auch nicht immer gut gemacht.

Als Luisa an einer roten Ampel anhalten muss, bricht sie nämlich vollkommen unerwartet in Tränen aus. Es ist wie im Hochsommer bei einem plötzlichen Wolkenbruch, der innerhalb von wenigen Minuten die ganze Stadt überschwemmt. Sturzbäche rinnen ihr über die Wangen. Von einer Sekunde auf die andere zittert die Zwanzigjährige am ganzen Körper und fängt so heftig an zu schluchzen, dass der Prüfer und ich vor Schreck zusammenzucken. Sie schlägt beide Hände vors Gesicht, wobei sie zum Glück die Füße auf Kupplung und Bremse lässt, und weint bitterlich.

»Was ist denn los, Frau Müller?«, fragt der völlig verdutzte Prüfer, der sich zwischen dem Fahrer- und dem Beifahrersitz zu uns nach vorne gelehnt hat. »Sie haben sich doch bisher so tapfer geschlagen!«

»I-hi-hi-hich … i-hi-hich … i…«, stammelt sie und bringt kein einziges zusammenhängendes Wort heraus.

»Luisa!«, versuche ich sie zur Räson zu rufen und reiche ihr ein Taschentuch, obwohl es danach aussieht, als könnte sie eher eine Küchenrolle gebrauchen. »Jetzt reiß dich zusammen, du hast es fast geschafft!«

Sie atmet tief durch, putzt sich die Nase und sagt: »Ich kann nicht mehr. Ich bin total am Ende. Hiermit breche ich die Prüfung ab.«

Was?

Hat?

Sie?

Da?

Gerade?

Gesagt?

Ich glaub, mich tritt ein Pferd! Die Prüfung abbrechen? Den dritten Versuch freiwillig *abbrechen*, wo bis hierher alles so gut geklappt hat wie noch nie? Sag mal, Mädchen, geht's noch?! Da mühen wir uns durch knapp fünfundzwanzig Fahrstunden, ich höre mir Geschichten über Koliken, Hufabszesse, Fesselringbandentzündungen und andere pferdische Absonderlichkeiten an, die mich nun wahrlich nicht mal peripher tangieren, und dann so was? Wie kann das sein? Wie kann ein Mensch so wenig Ehrgeiz besitzen? Einfach so alles wegschmeißen, wofür er vorher hart gearbeitet hat? Ist das typisch für die verwöhnten Kinder von heute? Oder habe ich nicht genügend Verständnis dafür, wie groß Luisas Verzweiflung ist?

»Aber nicht doch, Frau Müller! Jetzt sind Sie so weit gekommen«, meldet sich der, ich muss es ihm lassen, wirklich kaum aus der Ruhe zu bringende Prüfer zu Wort und reißt mich aus meinen Gedanken.

Mein Ton hingegen wird schärfer. »Kommt nicht infrage! Niemand bricht hier irgendwas ab. Du bist einen halben Meter vorm Ziel, und nun willst du das Handtuch werfen? Du schaltest jetzt erst mal den Motor aus.«

Sie tut wie geheißen und schnäuzt sich noch mal die Nase.

»Wenn Sie einverstanden sind«, wende ich mich an den Prüfer, »vertreten Frau Müller und ich uns für ein paar Minuten die Füße, damit sie sich wieder sammeln kann.«

Ich schicke ein Stoßgebet in den Himmel, dass er nichts dagegen hat, denn wenn er jetzt Druck macht, ist es bei meiner Schülerin vorbei, das weiß ich.

Er nickt verständnisvoll. »Ja klar, gehen Sie ruhig. Mit zitternden Knien kann niemand Auto fahren.« Damit steigt er aus dem Wagen und zückt in aller Seelenruhe sein Handy.

Ich hake Luisa unter und gehe ein paar Schritte mit ihr. »Mensch, Mädel, nur noch ein paar Minuten!«, rede ich auf sie ein. »Es ist alles im grünen Bereich. Du hast einen super Job gemacht, er hatte fast nichts auszusetzen. Den Schein hast du so gut wie in der Tasche. Du wirst doch wohl so kurz vor Schluss nicht aufgeben wollen!«

»Sorry, ich kann nicht«, jammert sie. »Meine Beine gehorchen mir nicht mehr. Ich weiß nicht mehr, wo rechts und links ist, und …«

Mein Geduldsfaden spannt sich merklich. »Luisa, du bekommst das hin! Ich weiß das. Du kannst es, du musst nur dran glauben.«

Sie nickt. Immerhin.

Dann greife ich zur letzten Waffe, die ich habe. Es ist vielleicht nicht die feine englische Art, jetzt die moralische Keule zu zücken, aber mir bleibt einfach keine andere Wahl. »Denk mal drüber nach, wie sehr sich dein Benji freuen wird, wenn du ihm heute Nachmittag erzählst, dass du's geschafft hast. Tu's für ihn!«

Dass ich jemals so etwas von mir geben würde, hätte ich mir nicht träumen lassen. Denk darüber nach, was dein Pferd sagen wird, wenn du ihm von deiner bestandenen Fahrprüfung erzählst? Oh Mann! Aber was tut man nicht alles für seine Kundschaft? Und der Zweck heiligt ja bekanntlich die Mittel.

Sie nickt entschlossen, hört auf zu weinen. »Ja, du hast recht. Ich versuch's. Für meinen Benji.«

»Na also!« Erleichtert schiebe ich sie zurück zum Auto, wo der Prüfer uns bereits erwartet.

»Wieder okay?«, fragt er vorsichtig.

Luisa nickt.

»Also los, wir müssen langsam weiter. Sonst kommen wir noch zu spät zurück zur Fahrschule, und der nächste Prüfling wird ganz nervös, weil er so lange warten muss«, scherzt er.

Luisa lächelt vorsichtig und sagt: »So aufgeregt wie ich kann er gar nicht sein.«

Sie atmet einmal tief aus, dann steigt sie wieder ein. Mit einem erleichterten Seufzer lasse ich mich auf den Beifahrersitz fallen, und sie fährt los.

Weit kommen wir allerdings nicht. Nach etwa einem Kilometer fährt Luisa in eine Parklücke, die locker für Zugfahrzeug und Anhänger reicht, und wendet sich zu dem Prüfer um. Anspannung und Verzweiflung stehen ihr ins Gesicht geschrieben, als sie flüstert: »Darf jetzt Sigi bitte weiterfahren? Mir ist speiübel. Ich kann wirklich nicht mehr.«

Wie sie mit zitternden Knien und käsebleichen Wangen dasitzt und jeden Moment in Ohnmacht zu fallen droht, wird mir ganz anders. Jetzt klapp mir hier bloß nicht zusammen, Mädchen, denke ich und will schon meine Wasserflasche zücken, da kommt die Erlösung.

Der Prüfer überlegt nicht lange. »Selbstverständlich! Die vorgeschriebene Fahrtzeit ist vorbei, ich denke, da können wir eine Ausnahme machen.« Offenbar hat auch er kein Interesse an einer bewusstlosen Fahrschülerin. Es liegt in seinem Ermessensspielraum, die Prüfung an dieser Stelle für beendet zu erklären, und genau das tut er jetzt.

Wie nicht anders zu erwarten, fängt Luisa sofort wieder an zu weinen, kaum dass wir die Plätze getauscht haben, und hört auch nicht auf, als wir drei Minuten später in der Hohenbrunner Straße vorfahren. Tränenüberströmt steigt sie auf der Beifahrerseite aus, und ihre beste Freundin, die mit einer Flasche Sekt auf der Bank vor der Fahrschule auf sie gewartet hat, springt auf. Meine Kollegen schauen mich fragend und irritiert an. Auch der nächste Prüfling beobachtet unsere Ankunft mit Interesse, das sich jedoch in nackte Panik verwandelt, als er die vollkommen aufgelöste Luisa erblickt. Sein Blick wandert zum Prüfer, der sich gerade aus dem Fond des Wagens kämpft.

»Ist doch nicht so schlimm, Mausi«, sagt Luisas Freundin und nimmt sie in den Arm, um sie zu trösten. »Den Sekt trinken wir einfach trotzdem.«

»Nein«, stammelt Luisa und erbebt erneut unter einem Weinkrampf.

»Wieso denn nicht?« Die Freundin ist irritiert.

Wieder nur: »Nein.« Deutlich energischer als vorher.

Mehrere Augenpaare ruhen auf mir und dem Prüfer. Ich will gerade zu einer Erklärung ansetzen, da reißt meine Fahrschülerin die Arme hoch.

»Ich … ich hab's geschafft!«, jubelt sie.

Luisa und ihre Freundin fallen sich kreischend um den Hals. Sie lachen und weinen und wollen gar nicht mehr aufhören.

Na, da wird sich der gute Benji aber freuen, denke ich und höre den dicksten Stein aller Zeiten von meinem Herzen fallen.

info

Leider durchgefallen!

Manchmal läuft es einfach nicht so wie geplant, auch wenn man sich noch so gut vorbereitet hat. Häufigster Grund dafür sind Prüfungs- und Versagensangst. Vor allem bei der praktischen Führerscheinprüfung macht so manchem Fahrschüler die Nervosität einen gewaltigen Strich durch die Rechnung. Handgriffe oder Abläufe, die man zuvor schon x-mal problemlos gemeistert hat, sitzen plötzlich nicht mehr, und im schlimmsten Fall wollen selbst die einfachsten Dinge wie Schalten oder Anfahren nicht gelingen.

Aber keine Sorge, wegen einer Lappalie ist noch keiner durchgefallen, da muss man sich schon einen größeren Hammer erlauben. Hier eine Übersicht der gängigsten Fehler und ihrer Folgen:

»Einmal ist keinmal« lautet die Devise, wenn der Prüfling …

- nicht ausreichend Abstand zum Vordermann einhält,
- ein Verkehrszeichen oder die Regel »rechts vor links« missachtet, ohne einen anderen Verkehrsteilnehmer zu gefährden,
- sich nicht oder falsch einordnet (z. B. beim Linksabbiegen in einer Einbahnstraße),
- den Verkehr (beim Anfahren, Aus- oder Einscheren, Abbiegen oder Rückwärtsfahren) nicht ausreichend beobachtet,
- den Blinker (beim Fahrstreifenwechsel, Abbiegen, Ausscheren, Wiedereinordnen oder Anfahren) falsch oder gar nicht betätigt,
- bei der Abfahrtkontrolle einen leichten Fehler macht,

- an Kreuzungen und Einmündungen (zu) lange zögert,
- für kurze Zeit mit nicht angepasster Geschwindigkeit fährt,
- einen Fehler bei der Fahrzeugbedienung macht,
- zwischendurch nicht umweltbewusst und energiesparend fährt **oder**
- einen kleinen Fehler bei einer der Grundfahraufgaben macht (etwa im ersten Anlauf beim rückwärts Einparken zu weit vom Bordstein weg ist und es im zweiten Versuch richtig macht).

Mehrere Vergehen dieser Art oder gar alle zusammen sorgen natürlich dafür, dass der Lappen bis auf Weiteres nicht ausgehändigt wird.

»Sorry, das war's« heißt es auch, wenn der Prüfling …

- eine Vorfahrts- oder Vorrangregelung grob missachtet,
- einen anderen Verkehrsteilnehmer bzw. ein Fahrzeug gefährdet oder schädigt,
- eine rote Ampel (amtssprachlich Lichtzeichenanlage) oder die entsprechenden Zeichen eines Polizisten nicht beachtet,
- dauerhaft nicht umweltbewusst und energiesparend fährt,
- sich zum Linksabbiegen auf der Gegenfahrbahn einordnet,
- sich beim Überholen oder Überholtwerden fehlerhaft verhält (indem er z. B. die Geschwindigkeit erhöht, während er überholt wird),
- fehlerhaft abbiegt (etwa beim Linksabbiegen in den Gegenverkehr reinfährt oder auf das falsche Ampelsignal hin losfährt),
- Schilder wie »Stop«, »Verbot der Einfahrt« oder »Verbot für Fahrzeuge aller Art« nicht beachtet,

- an einem mit eingeschaltetem Warnblinker haltenden Schul- oder Linienbus schneller als mit Schrittgeschwindigkeit vorbeifährt,
- einen Fahrstreifen wechselt, ohne davor den Verkehr zu beobachten,
- auf hilfsbedürftige oder ältere Menschen sowie Kinder nicht reagiert,
- ein Vorschriftzeichen (z. B. Überholverbot) nicht beachtet und dabei andere gefährdet,
- über einen längeren Zeitraum mit nicht angepasster Geschwindigkeit oder deutlich schneller als erlaubt fährt,
- mehrfach nicht ausreichend bremsbereit war (z. B. an Zebrastreifen oder Kreuzungen),
- das Rechtsfahrgebot auf der Autobahn nicht einhält,
- einen schweren Fehler bei einer der Grundfahraufgaben macht (z. B. mit dem Lkw bei einer der Rückwärtsfahrübungen nicht auf den Sicherungsposten reagiert oder die Rampe verfehlt),
- bei der Abfahrtkontrolle einen groben Fehler macht **oder**
- beim Verbinden und Trennen von Fahrzeugen einen Fehler macht (indem er z. B. die Feststellbremse des Anhängers vorher nicht gezogen hat).

Quelle: TÜV-Süd

info

Wofür man sonst noch einen Lappen braucht

- Zum Segeln: Ohne Segelschein geht auf deutschen Gewässern gar nichts. Und für Boote mit einem Motor von mehr als fünf PS braucht man sogar einen Sportbootführerschein.
- Zum Staplerfahren: Sobald ein Flurförderzeug motorisiert ist, benötigt man dafür einen Flurfördermittelschein, kurz: Staplerschein. Gleiches gilt für Teleskoplader oder -stapler sowie für Hochregal- und Containerstapler.
- Zum Kranfahren: Egal ob Anschläger, Lkw-Ladekran, Brücken-, Portal-, Turmdreh- oder Mobilkran: Ohne den entsprechenden Schein gibt's Ärger.
- Für Erdbaumaschinen: Auch hier gilt, ohne Schein bleibt der Motor aus, und zwar bei jeder Art von Bagger, vom Radlader über Abbruch-, Seil- und Longfrontbagger bis hin zu schwimmenden Geräten, Schlitzwandgreifern, Drehbohr-, Rüttelstopf- und Verdichtungsgeräten sowie Rammen und Straßenfertigern.
- Zur Personenbeförderung: Egal ob Taxi-, Straßenbahn-, Krankenwagen- oder Busfahrer, als Chauffeur, Fahrer von Behindertentransporten oder Schülern: Wer gewerblich (also nicht unentgeltlich) Personen befördert, der braucht zusätzlich zum Führerschein eine Fahrerlaubnis zur Fahrgastbeförderung, und zwar egal ob als Angestellter oder Selbstständiger.

Die Liste erhebt keinen Anspruch auf Vollständigkeit.

Die Ja-aber-Frau

Markus

»Mädchen, das hier ist eine Engstelle, da fahren wir etwas langsamer als sonst«, rufe ich meiner Fahrschülerin Hanna ins Gedächtnis. »Nur zur Erinnerung: Wir sitzen in einem Lastzug und nicht in einem Smart.«

Die Landwirtschaftsstudentin im fünften Semester, die mal wieder viel zu rasant unterwegs ist, wirft mir einen erstaunten Blick zu. »Ja, aber ich war doch gar nicht schnell.«

»Nix da! Der Tacho hat fast dreißig angezeigt, dabei wäre Schrittgeschwindigkeit angesagt gewesen.«

Wegen Straßenbauarbeiten ist die rechte Fahrspur gesperrt, die linke verengt, und der Verkehr wird in einem Bogen auf die Gegenfahrbahn geleitet, wo ein Paketdienstfahrer seinen Transporter einfach mit Warnblinker mitten auf der Straße abgestellt hat. Zwar kann Hanna von ihrer erhöhten Sitzposition aus erkennen, dass ihr gerade keiner entgegenkommt, trotzdem darf sie hier nicht einfach so durchbrettern.

Die Studentin sieht das offensichtlich anders. »Ja, aber dreißig ist doch fast Schrittgeschwindigkeit«, argumentiert sie.

Ich seufze. »Das meinst aber auch nur du. Mit gelben Streifen markierte Fahrbahnen sind enger als normale. Du darfst nicht vergessen, dass dein Fahrzeug zwei Meter fünfzig breit ist.«

»Ja, aber es kam doch keiner entgegen«, versucht sie sich herauszureden. »Sonst hätte ich langsamer gemacht. Ist doch klar.«

Sonnenklar, denke ich und werfe einen Blick in den regenverhangenen Aprilhimmel, sage jedoch nichts mehr dazu.

Die meisten Lkw-Fahrschüler haben, im Gegensatz zu Hanna, kein gutes Gespür für die Breite des Lastzugs. Daher fahren sie anfangs oft viel zu weit rechts, statt sich zur Straßenmitte hin zu orientieren. Letzteres gilt vor allem in Rechtskurven, während man sich in Linkskurven eher am Fahrbahnrand halten muss. Ganz wichtig ist außerdem, den Blick, wie beim Motorradfahren auch, geradeaus in die Ferne zu richten und nicht direkt vor die Motorhaube.

In der heutigen Übungsstunde sind wir im Stadtverkehr unterwegs und wollen das Rechtsabbiegen weiter verfeinern, Hannas einzige echte Schwachstelle – abgesehen von ihrer etwas zu forschen Fahrweise. Ich habe extra eine Strecke mit einigen Kreuzungen ausgesucht, an denen man ziemlich scharf um die Kurve biegen und dabei gutes Augenmaß beweisen muss.

Augenmaß hat Hanna, das ist nicht ihr Problem, nur leider steuert sie den Lkw in die Rechtskurve, als wäre er ein wendiger Kleinwagen. Bisher ist noch nichts Schlimmes passiert, auch wenn sie häufiger nach dem Prinzip »Augen zu und durch, wird schon schiefgehen« unterwegs ist, als mir lieb sein kann. Aber knapp war es noch so gut wie jedes Mal. Sogar verdammt knapp!

Statt die Sache ruhig anzugehen und sich Zeit zu

lassen, muss sie immer und überall möglichst schnell durch. Es ist, als hätte sie Angst, als Verkehrshindernis zu gelten oder sonst wie aufzufallen – was mit einem Lastwagen tatsächlich kein Kunststück ist, insbesondere, wenn dick und fett »Fahrschule« überall draufsteht. Ich versuche ihr dann jedes Mal zu erklären, dass wir erst recht Aufsehen erregen, wenn wir im Vorbeifahren eine Ampel mitnehmen oder an einem Laternenpfosten hängen bleiben. Sobald ich sie jedoch darauf anspreche, zuckt sie bloß die Achseln und meint: »Ja, aber es hat doch gepasst.« Im Zweifelsfall entscheidet sich die Studentin immer eher für das Gaspedal als für die Bremse, genau wie jetzt, an einer vielbefahrenen Kreuzung in Perlach.

»He, die Ampel war rot!«

»Was?« Hanna tut erst mal, als wüsste sie gar nicht, wovon ich rede. Das ist immer so. Und dann kommt das Unvermeidliche. »Ja, aber als ich hingeschaut habe, war sie noch gelb. Ehrlich, Markus.«

Jedes Mal dieselbe alte Leier. Hanna hat für alles eine Ausrede oder eine Erklärung, und irgendwie schafft sie es, dass ausnahmslos jeder ihrer Sätze mit »Ja, aber« beginnt. Ich atme einmal tief durch, bevor ich antworte.

»Das mag vielleicht sogar sein, dass die Ampel noch gelb war, aber dein Lkw ist acht Meter lang, und du schleppst da hinten noch einen Anhänger gleichen Formats mit dir rum, das macht insgesamt sechzehn Meter. Bis das ganze Ding über die Haltelinie gerollt ist, ist die Ampel ja fast schon wieder grün!«

So leicht will meine Schülerin nicht aufgeben. »Aber das war höchstens Dunkelgelb. Oder meinetwegen Hellorange.«

Ich bin wirklich ein sehr geduldiger Mensch, bei mir kann jeder Schüler denselben Fehler hundertmal machen, und beim hundertundersten Mal erkläre ich es ihm trotzdem noch mal, wenn es nötig ist. Ich habe viel Verständnis für alles und jeden, bin kaum aus der Ruhe zu bringen und habe (berufsbedingt) einen ausgeprägten Sinn für Humor. Geht es allerdings um Gefahrensituationen, verstehe ich keinen Spaß.

»Hör zu, Hanna, ich werde nicht dafür bezahlt, dass ich mit dir das Farbspektrum durchdiskutiere. Mit einem Lastzug musst du in einer solchen Situation bremsen, und zwar ohne Wenn und *Aber.*« Das letzte Wort betone ich absichtlich, in der Hoffnung, sie versteht den Wink mit dem Zaunpfahl. Doch davon kann ich nur träumen.

»Ja, *aber*«, widerspricht sie weiter und betont das Wort genauso wie ich gerade, »nach exakter Berechnung des Bremswegs war es eine Kann-Entscheidung und kein Muss!«

Ich stöhne entnervt auf. »In der Stadt dauert die Gelbphase einer Ampel normalerweise drei bis vier Sekunden. Da hast du keine Zeit für Bremswegberechnungen!«, sage ich mit Nachdruck. »Und jetzt konzentrier dich bitte wieder auf den Verkehr. Der Fahrerin rechts neben uns wird schon ganz schwindelig, so wie dein Anhänger gerade hin und her wedelt. Fahr mal anständig geradeaus!«

Damit ist die Diskussion beendet. Hoffe ich jedenfalls.

Hanna tritt nicht nur mit Vorliebe aufs Gas, sie diskutiert auch für ihr Leben gern – zumindest mit mir. Idiotischerweise am liebsten über Dinge, die einfach nicht diskutierbar sind, zum Beispiel Sicherheitsabstände, Geschwindigkeitsbegrenzungen oder Parkverhalten innerorts mit einem Achtzehntonner. Ich habe diese Regeln nicht erfunden, möchte ich ihr jedes Mal entgegenhalten, wenn sie mal wieder mit einem ihrer berüchtigten »Ja, aber«-Sätze anfängt. Ich sorge nur dafür, dass sich meine Schüler im Straßenverkehr korrekt verhalten, damit sie die Prüfung bestehen, in ihrem eigenen Interesse. Na ja, zugegeben, auch im Interesse der anderen Verkehrsteilnehmer…

Anfangs fand ich Hanna mit ihrer selbstbewussten Art erfrischend, zumal ich selten Frauen in der Lkw-Ausbildung habe und sie ihre Sache seit der ersten Stunde wirklich gut macht, doch je öfter sie uns in brenzlige Situationen bringt, desto ungeduldiger werde ich mit ihr. Als Brummifahrer, der von morgens bis abends Kilometer schrubbt, muss man ein ausgeglichenes, ruhiges Gemüt haben, sonst macht man den Job nicht lange. Das weiß ich aus eigener Erfahrung, schließlich war ich früher selbst auf Europas Straßen unterwegs. Für mich ist und bleibt Fahrlehrer ein toller Beruf, ich könnte mir mittlerweile gar nichts anderes mehr vorstellen. Der Umgang mit Jugendlichen ist abwechslungsreich und spannend, und irgendwie bleibt man dabei selbst jung. Außerdem ist es schön, wenn man den jungen Leuten etwas mit auf den Weg geben kann, wovon sie im besten Fall noch viele Jahre zehren können.

Bei Hanna allerdings sehe ich schwarz, was das Thema Gleichmut angeht. Ihr Onkel ist Inhaber einer Spedition, und sie hat sich in den Kopf gesetzt, sich ihr Studium durch Lkw-Fahrten zu finanzieren. Den Führerschein zahlt ihr der Onkel, der sie in ihrem Vorhaben voll unterstützt. Daher war die junge Frau vom ersten Tag an sehr engagiert und legt sich jedes Mal voll ins Zeug, damit sie mit möglichst wenigen Übungsstunden auskommt. Wie gesagt: Talent hat sie, wenn nur ihr Übermut nicht wäre.

Als sie in der ersten Fahrstunde auf dem Siemens-Parkplatz neben mir in die Fahrerkabine kletterte, fragte ich mich noch, ob das mit dem Lkw-Schein wirklich eine gute Idee sei. Hanna ist gerade mal einen Meter sechzig groß und sehr zierlich. Ehrlich gesagt, traute ich ihr weder einen Reifenwechsel zu noch dass sie die Plane bei starkem Wind ohne Hilfe fest genug verzurren kann. Doch weit gefehlt. In dem Persönchen, das merkte ich schon bald, steckt mehr Power als geahnt. Hannas starker Wille macht's möglich.

Nach der Einweisung ließ ich sie ans Steuer und staunte nicht schlecht, als sie kurz darauf recht zügig vom Fleck kam. Auch mit der Doppel-H-Schaltung fand Hanna sich auf Anhieb zurecht und legte die Gänge so geschmeidig ein, als hätte sie heimlich geübt. Ich wollte meinen Verdacht schon äußern, da trat sie zum ersten Mal mit ordentlich Schmackes auf die Bremse, und es bestand kein Zweifel mehr, dass ich eine blutige Anfängerin vor mir hatte.

»He, willst du, dass ich durch die Windschutzscheibe fliege?«, fragte ich sie und versuchte meinen Gurt zu lockern, der mir ins Fleisch schnitt.

»Scheiße, was war das denn?« Hanna vergaß vor Schreck zu atmen und schaute mich verdattert an, nachdem sie den Lkw aus dreißig Stundenkilometern zum Stehen gebracht hatte. In zwei Sekunden, wohlgemerkt.

Ich konnte mir ein Schmunzeln nicht verkneifen. »Die Druckluftbremsanlage.«

Bei Achtzehntonnern gehen die Bremsen durch Druckluft zu und nicht, wie beim Auto, mithilfe von Bremsflüssigkeit. Damit ist nicht die Kraft entscheidend, mit der man aufs Pedal tritt, sondern nur der Pedalweg. Einen Lkw könnte man allein durch die Kraft, die man mit dem Fuß auf das Bremspedal überträgt, niemals zum Stehen bringen, selbst wenn man wie ein Elefant darauf herumtrampeln würde. Dank der Druckluft kommt es lediglich darauf an, wie weit man das Pedal runterdrückt. Es reicht also schon ein leichter Druck, um einen großen Effekt zu erzielen. Wer das nicht weiß und wie beim Pkw auf die Bremse steigt, der erlebt wie Hanna sein blaues Wunder.

Nachdem sie sich wieder beruhigt hatte, forderte ich sie auf, noch ein paar weitere Bremsübungen zu machen, damit sie ein Gespür für die Druckluftbremse bekäme. »Aber bitte mit etwas mehr Gefühl, die Dame«, zog ich sie auf.

»Geht klar, Herr Oberlehrer«, erwiderte Hanna und legte hintereinander drei so gefühlvolle Bremsmanöver hin, dass ein voller Kaffeebecher nicht übergeschwappt wäre. Ich war beeindruckt und wähnte mich schon im siebten Himmel: eine talentierte Fahrschülerin, die noch dazu tat, was man ihr sagte? Das klang zu schön, um wahr zu sein.

Wie meistens, wenn etwas zu schön klingt, um wahr zu sein, ist es das am Ende auch nicht. So sehr Hanna das Bremsen auch perfektioniert hat, so heftig hapert es beim Abbiegen. Die Studentin hat einfach zu viel Temperament und zu wenig Geduld. Durch den (im Vergleich zum Pkw) verlängerten Radstand braucht man mit einem Lkw beim Rechtsabbiegen deutlich mehr Platz. Wenn man sich also ganz normal auf der Abbiegespur einordnet, wird man es in den meisten Fällen nicht um die Kurve schaffen – außer, man kann fliegen oder der Bordstein weicht vor lauter Respekt zurück. Ideal ist, wenn man die Geradeausspur zur Hälfte mitbenutzt, weshalb man sich am besten gleich mittig einordnet. Sollte das mal nicht möglich sein, weil außer einem selbst, was im Stadtverkehr durchaus vorkommen kann, noch ein paar andere Verkehrsteilnehmer unterwegs sind, die sich schon eingeordnet haben, dann …

… ist Hanna überfordert. Erst recht, wenn es gar keine Geradeausspur gibt und sie mit dem Lkw auf eine Lücke im Gegenverkehr warten muss oder auf jemanden, der stehen bleibt und ihr den Vortritt lässt. Statt abzuwarten, bis sie genügend Platz zum Abbiegen hat, was im schlimmsten Fall auch schon mal eine Ampelphase dauern kann, will sie immer so schnell wie möglich um die Kurve und versucht den Lastzug irgendwie rumzurangieren. Und damit nimmt das Unglück normalerweise seinen Lauf.

Nach der nächsten roten Ampel fährt sie ausnahmsweise sehr gesittet weiter und lenkt den Lastzug sicher durch den Stadtverkehr. Als ich sie zum ersten Mal rechts schicke, hat sie Glück und kann sich gleich mittig einordnen. Nachdem sie sich im linken Spiegel vergewissert hat, dass ausreichend Platz für das ausscherende Heck ist, fährt sie zügig um die Ecke.

»Gut so«, lobe ich sie und füge hinzu: »Könnten wir uns bitte noch darauf einigen, dass du nur zu Hause Teller wäschst?«

Ein ratloser Blick von der Seite ist die Antwort.

»Was habe ich dir noch mal zum Thema Lenken gesagt?«

Der Groschen fällt. »Ach ja! Ich soll das Steuer nicht mit einer Hand rumziehen, sondern mit beiden«, sagt sie.

»Fast. Die rechte Hand zieht, die linke schiebt, und wenn du das Lenkrad weiter einschlagen musst, greifst du mit der linken Hand über und ziehst nach. Verstanden? Oder soll ich es noch mal wiederholen?« Ich weiß, was jetzt kommt.

»Ja, aber …«

»Ich will kein Aber hören«, unterbreche ich sie. Wie zu erwarten ohne Erfolg. Gegen diese Frau ist einfach kein Kraut gewachsen.

»Ja, aber das ist total unpraktisch. Anders geht's viel schneller«, protestiert sie.

Da ich nicht gewillt bin, schon wieder mit ihr zu debattieren, sage ich nur: »Es ist nicht verhandelbar.« Ich atme tief durch und füge hinzu: »Da vorne fahren wir gleich noch mal rechts, und diesmal wird nicht gewischt, sondern geschoben und gezogen, und vor allem wird nicht diskutiert.«

Als es bei den folgenden zwei Abbiegemanövern ebenfalls nichts auszusetzen gibt und wir uns in der Nähe der A 8 befinden, schicke ich sie spontan noch auf die Autobahn, bevor es zurück zur Fahrschule geht. Hanna hat ihre Pflichtstunden zwar schon absolviert, aber diese Strecke fahren die Prüfer gerne, und so kann ich sie schon mal damit vertraut machen. Im Laufe der Jahre lernt man die einzelnen Prüfer und ihre Vorlieben kennen, daher weiß man irgendwann, wo sie am liebsten entlangfahren und wo die berüchtigten Stellen sind, an denen die Fahrschüler häufiger scheitern. Da ist es hilfreich, wenn der nervöse Prüfling sie zumindest schon mal gesehen hat.

Wenn es ums schnelle Fahren geht, ist Hanna voll in ihrem Element. Schon in der Rechtskurve vor dem Beschleunigungsstreifen hat sie ein gutes, fast schon *zu* gutes Tempo drauf.

»Aufpassen«, warne ich sie, »sonst heben wir gleich ab. Du bist zu schnell.«

Sie nimmt den Fuß ein bisschen vom Gas, während sie den fließenden Verkehr über den linken Spiegel beobachtet, und tritt anschließend wieder aufs Gaspedal. Sie schaltet zwar zügig, allerdings ein bisschen zu früh.

»Du darfst den Gang gerne noch mehr ausfahren, der kann ruhig bis achtzehnhundert drehen, sonst verlierst du beim Schalten zu viel Geschwindigkeit«, erkläre ich ihr.

»Ja, aber sonst erzählst du mir doch ständig was von ökologischer Fahrweise«, widerspricht sie.

»Da hast du recht, allerdings sind wir hier nicht im Stadtverkehr unterwegs, sondern müssen zusehen, dass die zig Tonnen auf Touren kommen. Das ist für die paar hundert Meter wichtiger als die Umwelt.«

Das scheint ihr einzuleuchten, jedenfalls höre ich ausnahmsweise mal kein Aber.

Knapp zwei Wochen und unzählige »Ja, aber« später hat Hanna den Lastzug souverän im Griff und beherrscht auch die meisten Aufgaben der Abfahrtkontrolle. Da ich mir nicht die geringsten Sorgen mache, dass meine Musterschülerin durchfallen könnte, melde ich sie zur »großen Vorführung« an.

Ja, aber kann es denn so einfach sein?

Nein, natürlich nicht. Am Tag der praktischen Prüfung bin ich sprachlos vor Erstaunen. Vor mir steht nicht etwa die selbstbewusste, vorlaute Ja-aber-Frau Hanna, sondern ein fahriges Nervenbündel, das vor lauter Nervosität kaum einen geraden Satz herausbringt. Nicht mal ihren berüchtigten Lieblingssatz!

Es ist wirklich erstaunlich, welche Verwandlung die Fahrschüler durchleben, sobald es auf die praktische Prüfung zugeht. Junge Mädels, die sonst nicht auf den Mund gefallen sind, bekommen nur mit Müh und Not ein »Guten Morgen« heraus, können dem Prüfer kaum ihren Nachnamen buchstabieren oder zittern so sehr, dass sie fünf Anläufe brauchen, bis sie den Schlüssel ins Zündschloss gesteckt haben. Selbst bei gestandenen Mannsbildern kann ein nicht beachtetes Stoppschild oder ein Fehlverhalten an einer Ampel mit grünem Rechtsabbiegerpfeil (zwei der häufigsten Gründe fürs Durchfallen) Tränenbäche biblischen Ausmaßes auslösen. Wenn sie vor Aufregung das leuchtende Grünlicht einer Ampel (man darf ohne Anhalten durchfahren) und ein Rotlicht mit Grünpfeil (man muss an der Haltelinie anhalten) verwechselt haben, werden vierzigjährige Kerle zu verängstigen Hosenscheißern, Zicken handzahm und vorlaute Bengel mundfaul. Und das alles nur, weil da jemand mit einem Fragebogen oder Laptop auf den Knien mit im Auto oder Lkw sitzt und eine Strichliste führt.

Manche tun geradezu so, als wäre der Prüfer ein Unmensch oder bekäme eine Zusatzprämie, je mehr Schüler er durchfallen lässt. Dabei sind die meisten Prüfer wirklich nett und nehmen Rücksicht darauf, dass die Fahrschüler sich in einem Ausnahmezustand befinden. Viele verwickeln mich daher zu Beginn der Fahrt in ein Gespräch über Politik, Fußball oder das Liebesleben der Waldameisen, damit der Prüfling sich nicht ganz so von ihnen beobachtet fühlt. So nehmen gute Prüfer den Schülern die Angst und sorgen für eine angenehme, möglichst entspannte Atmosphäre.

»Mach dir keinen Kopf, du schaffst das. Ich hatte selten so ein Naturtalent wie dich hinterm Steuer«, rede ich Hanna Mut zu, während der Prüfer noch die letzten Vorbereitungen trifft.

»Ja, aber ich bin heute nicht gut drauf«, widerspricht sie mir – wie immer.

Ich starte einen neuen Versuch. »Das darfst du dir nicht einreden. Du musst positiv denken!«

»Ja, aber wenn ich mich doch schon so mies fühle…« Hanna wirft mir einen Blick zu, als wollte sie mir sagen: Bitte bring mich hier weg!

»Das redest du dir ein. Noch mal: Du kannst das.«

»Ja, aber ich fall trotzdem durch.«

Mir reißt langsam der Geduldsfaden. »Hanna! Schluss jetzt. Setzt dich in den Lkw, damit wir endlich die Prüfung beginnen können. Wir haben nicht ewig Zeit!«

Meine Schülerin schielt zu dem Prüfer hinüber, der auf uns zukommt. »Au weia, gleich geht's los«, hechelt sie kurzatmig. »Ich werd's versemmeln! Dann reißt mein Onkel mir den Kopf ab.«

Da habe ich einen Einfall. »Ja, aber«, sage ich und grinse breit, »was, wenn alles klappt?«

Sie schaut mich an, als hätte gerade ein Blitz neben ihr eingeschlagen. »Keine Ahnung«, sagt sie und steigt zu ihrer letzten Stunde als Lkw-Fahrschülerin ein.

Natürlich besteht sie am Ende die Prüfung, und zwar ohne Wenn und *Aber*.

Tipp! Punktekonto-Check

Wer wissen will, wie viele Punkte sich auf seinem Konto in Flensburg angesammelt haben, der kann kostenlos beim Kraftfahrt-Bundesamt nachfragen. Einfach das Formular unter www.kba.de herunterladen, ausfüllen und mit einer Kopie vom Personalausweis hinschicken.

info

Nie um eine Ausrede verlegen – wie Verkehrssünder argumentieren

- »Ich bin nur zu schnell gefahren, weil die Verkehrsschilder nachts nicht beleuchtet sind. Sie tauchten aus dem Dunkel auf, um sofort wieder zu verschwinden! Innerhalb der ein oder zwei Sekunden, die sie sichtbar sind, war es mir leider nicht möglich, sie 1. zu erkennen, 2. zu verarbeiten, 3. zu reagieren.«
- »Ich konnte nicht bremsen, denn unter dem Pedal lag eine Kartoffel.«
- »Ich habe noch nie Fahrerflucht begangen, im Gegenteil – ich musste immer weggetragen werden.«
- »Als ich über einen Hügel fuhr, stieß ich mitten auf der Straße gegen eine Kuh, die daraufhin mit ihrem Hinterteil meine Motorhaube und die Windschutzscheibe zerstörte.«
- »In hohem Tempo näherte sich mir die Telegrafenstange. Ich schlug einen Zickzackkurs ein, aber dennoch traf mich die Telegrafenstange am Kühler.«
- »Ein Fußgänger kam plötzlich vom Bürgersteig ab und verschwand wortlos unter meinem Wagen.«
- »Der Fußgänger hatte keine Ahnung, in welche Richtung er gehen sollte. Also überfuhr ich ihn.«
- »Es regnete, und es war kein Alkohol.«
- »Ein gefrorenes Eichhörnchen fiel aus dem Baum und durchschlug meine Windschutzscheibe.«
- »Während ich an der Ampel wartete, flog mir eine Wespe in die Hose, weshalb ich aufs Gaspedal trat und den Wagen vor mir rammte.«

- »In einer Linkskurve geriet ich ins Schleudern, wobei mein Wagen einen Obststand streifte und ich – behindert durch die wild durcheinanderpurzelnden Bananen, Orangen und Kürbisse – nach dem Umfahren eines Briefkastens auf die andere Straßenseite geriet, dort gegen einen Baum prallte und schließlich, zusammen mit zwei parkenden Pkw, den Hang hinunterrutschte. Danach verlor ich bedauerlicherweise die Herrschaft über mein Auto.«
- »Ich konnte nicht bremsen. Auf dem Beifahrersitz stand eine Torte.«
- »Ich bin nicht unter Alkohol gefahren, ich habe den Wagen nur rollen lassen.«
- »Als ich auf die Bremse treten wollte, war sie nicht da.«
- »Der Gegenverkehr hat mich geblendet, deshalb habe ich das Tempolimit nicht gesehen.«
- »Ich bin Stripperin. Deswegen war ich nicht angeschnallt. Der Gurt drückt gegen meine Brustwarzenpiercings.«
- »Tut mir leid, dass ich zu schnell gefahren bin, aber ehrlich gesagt: Ich hab ganz schön was gebechert.«
- »Eine Biene schwirrte um mich herum. Deshalb gab ich Gas bis Tempo 130. Ich dachte, so schnell kann sie nicht fliegen. Dann bleibt sie hinten im Auto und lenkt mich nicht mehr ab.«
- »Bergauf muss ich schneller fahren als erlaubt, sonst säuft mein Motor ab.«
- »Ich war nur zu schnell, weil ich starken Rückenwind hatte.«
- »Ich hab den Blitzer nicht ausgelöst – sondern ein Jet, der direkt über mir flog.«
- »Meine zahme Ratte ist aus dem Ärmel gekrochen und übers Lenkrad gekrabbelt. Da war ich abgelenkt.«

Quellen: Express.de, Focus online, BILD.de

Ein Wolf im Schafspelz

Sigi

»Nicht so flott, Frollein«, ermahne ich Irina mit einem Blick auf den Tacho, der nun schon seit einer ganzen Weile knapp siebzig Stundenkilometer anzeigt. »Auf dem Mittleren Ring sind bloß sechzig erlaubt.«

Wir fahren gerade auf der St.-Quirin-Straße durch den McGraw-Graben, auf dem Weg zur A 995. Es ist die erste Autobahnfahrt meiner Schülerin. Wie jedes Mal, wenn ich mit ihr im Wagen sitze, beschleicht mich ein ungutes Gefühl. In den knapp fünfundzwanzig Jahren, die ich nun schon als Fahrlehrer arbeite, habe ich selten eine derart aggressive junge Frau erlebt. Die kleine, burschikos wirkende Siebzehnjährige mit den streichholzkurzen Haaren und den vielen Piercings könnte die Anführerin einer Mädchengang sein – so wie sie auftritt, ist sie es vermutlich auch. Auf den Mund gefallen ist sie jedenfalls nicht, noch dazu kann sie überhaupt nicht mit Autorität und Kritik umgehen und flippt manchmal regelrecht aus. Da ist sie bei mir natürlich genau richtig.

Irina verdreht die blauen Augen und schnaubt genervt. »Weiß ich selber, Mann, aber die anderen fahren auch alle so schnell!«

»Die anderen interessieren mich nicht.«

Ich zähle innerlich bis fünf, damit ich ruhig bleibe.

So langsam gehen mir ihre Widerworte auf die Nerven. Dann trete ich auf die Bremse, bis sich die Tachonadel wieder bei der zulässigen Höchstgeschwindigkeit eingependelt hat.

»Ey, was soll das?«, giftet mich Irina an. »Ich mach doch hier nicht einen auf Verkehrsinsel.«

»Wir machen hier vor allem einen auf Fahrschule, und das bedeutet, wir fahren nicht schneller als erlaubt. Ist das klar?«

Irina verkneift sich ausnahmsweise eine Entgegnung, beschleunigt aber trotz meiner Verwarnung immer wieder, woraufhin ich sie jedes Mal ausbremse. Es ist wie ein stummer Kampf und leider nicht unser erster. Im Verlauf der knapp fünfzehn Fahrstunden, die sie nun schon bei mir absolviert hat, haben wir so einige Gefechte ausgetragen. Manchmal wurde es mir zu viel – aber aufgeben kommt nicht in die Tüte. Schließlich habe ich einen Ruf zu verlieren! Außerdem habe ich ihrer Mutter versprochen, Irina bis zum Führerschein zu begleiten, und ich halte Wort.

Die Ukrainerin schneite eines Nachmittags, als ich gerade Bürodienst hatte, in die Fahrschule und erzählte mir von dem Dilemma mit ihrer Tochter, die gerade »eine extrem schwierige Phase« durchmache, wie sie sich ausdrückte. (Eine absolute Untertreibung, wie ich kurz darauf am eigenen Leib erfahren sollte.) Irina hatte schon etliche Übungsstunden in vier anderen Fahrschulen hinter sich und scheiterte vor allem an ihrer Aggressivität. Bisher hatte jeder Fahrlehrer nach einer Weile aufgegeben und sich geweigert, dem Mädchen weiter Unterricht zu erteilen. Die Mutter hatte mich geradezu angefleht, ihre Tochter aufzunehmen, da sie Irina mit viel Engagement einen

Ausbildungsplatz besorgt hatte, für den sie allerdings einen Führerschein Klasse B brauchte.

Der Gedanke an die überaus sympathische Mutter hilft mir, meinen Ärger über Irinas Tonfall und ihr Verhalten im Zaum zu halten. Wir haben das Ende des McGraw-Grabens erreicht, wo beide Spuren geradeaus auf die Autobahn führen, während von rechts zwei weitere Spuren hinzukommen, auf denen man nach Unterhaching und Fasangarten gelangt. Für ein paar hundert Meter ist die Straße hier also vierspurig.

»Da vorne halten wir uns dann links und fahren auf die Autobahn. Denk dran, auch hier sind nur sechzig erlaubt«, ermahne ich meine Schülerin vorsorglich.

Sofort wechselt sie auf die linke der beiden Fahrspuren und gibt Gummi. Ohne Seitenblick. »Irina!«, rufe ich und trete auf die Bremse. »Was soll der Quatsch! Ich habe kein Wort von Spurwechsel gesagt. Du hast Glück, dass links von dir keiner war. Außerdem ist hier sechzig! Wie groß sollen die das denn noch für dich auf das Schild draufschreiben?«

»Jahaaaa« kommt es bloß genervt von links.

Keine fünf Sekunden später fahren wir schon wieder über siebzig.

Wenn das so ist, Mädchen, muss ich mir anders behelfen, denke ich, sage diesmal jedoch keinen Ton. Die Straße ist frei und trocken, außer uns ist kaum jemand unterwegs, weshalb ich zu einer Maßnahme greife, die ich bei höherem Verkehrsaufkommen niemals anwenden würde – mein Ass im Ärmel, das ich wirklich nur in absoluten Notfällen zücke.

Ich lasse Irina gewähren, bis wir das Schild mit der durchgestrichenen Sechzig passiert haben. Das Tempolimit ist aufgehoben – let the show begin.

Dann gebe ich Gas. Aber richtig. Der Wagen beschleunigt, der Motor heult auf. Die Tachonadel bewegt sich nach rechts, immer weiter und weiter. Bei einhundertdreißig merke ich, wie Irina nervös wird, bei einhundertvierzig verliert sie die Gesichtsfarbe, bei einhundertfünfzig kommt endlich eine Reaktion.

»Hör auf!«, schreit sie. Zum ersten Mal wirkt sie nicht frech und selbstbewusst, sondern kleinlaut und eingeschüchtert.

Sofort nehme ich den Fuß vom Gas, nicht dass sie noch panisch wird. »Wieso? Du hast doch vorhin selbst gesagt, dass du hier nicht einen auf Verkehrsinsel machen willst. Ich wollte dir bloß dabei behilflich sein«, sage ich so gelassen wie nur möglich.

»Sigi! Mach das nie wieder!« Ihre Stimme bebt vor unterdrückter Wut, während sie den Wagen nun wieder allein steuert.

Ich drehe mich zu ihr und beuge mich ein Stück vor, damit ich ihr ins Gesicht sehen kann, ehe ich sage: »Irina, es ist ganz einfach: Hältst du dich an die Regeln, dann tue ich es auch. Okay?«

Ein trotziger Blick, dann ein leises: »Okay.«

Manchmal muss man eben härtere Mittel anwenden, wenn man sonst nicht durchkommt. Ich bin immer fair zu meinen Schülern und weit davon entfernt, zu irgendwelchen drastischen Erziehungsmaßnahmen zu greifen, aber in Extremfällen wie diesem kommt man nur mit Worten nicht weiter.

Die Maßnahme zeigt die gewünschte Wirkung: Der Rest der Übungsstunde verläuft so harmonisch wie noch nie. Irina fährt auf der Autobahn kein einziges Mal über hundertdreißig, vergisst beim Überholen weder zu blinken noch den Seitenblick und hält sich auch sonst an jede Anweisung. Wir fahren insgesamt dreimal auf die Autobahn rauf und wieder runter, um das Beschleunigen zu üben, und als wir an eine Baustelle kommen, bremst sie den Wagen ab, ohne dass ich sie dazu ermahnen muss, und ordnet sich sogar brav auf der rechten Spur ein.

Na also, denke ich und bin der Ansicht, die wilde Göre in ihre Schranken gewiesen zu haben.

Fast zwei Wochen lang geht alles gut. Man kann zwar nicht gerade behaupten, dass Irina in den folgenden Fahrstunden auch nur annähernd gut gelaunt ist, aber sie beleidigt mich nicht und gefährdet niemanden. Das ist doch schon mal was. Dennoch habe ich mich in falscher Sicherheit gewogen, denn bei der dritten Überlandfahrt mit ihr erwartet mich der nächste Beweis für Irinas Unberechenbarkeit.

Wir fahren gerade im zweiten Gang durch eine Tempo-Dreißig-Zone in einem Unterhachinger Wohngebiet und wollen zurück auf die Hauptstraße. Auf der rechten Seite spielen auf einer Wiese ein paar Kinder Ball, und ich behalte sie vorsorglich im Auge. Irina hat sie ebenfalls bemerkt und fährt entsprechend vorsichtig.

»An der nächsten Kreuzung biegen wir dann links ab«, sage ich.

In der letzten Fahrstunde haben wir immer wieder links abbiegen in einer Einbahnstraße geübt, und ich habe Irina eingetrichtert, dass sie in der Prüfung durchfällt, wenn sie sich mehr als einmal nicht korrekt auf der linken Seite der Fahrbahn einordnet. Die Lektion hat sie sich offenbar gemerkt, denn sie lenkt den Wagen an den linken Fahrbahnrand.

Nur leider sind wir gar nicht in einer Einbahnstraße. Mir bricht der Schweiß aus. Zum Glück ist auf der Münchener Straße um zwei Uhr am Nachmittag nicht viel los, und uns kommt niemand entgegen oder will von der Hauptstraße in unsere Richtung abbiegen. Ein Blick in den Rückspiegel – keiner hinter uns.

»Fahr zurück und dann rechts rüber, und zwar schnell. Du stehst mitten auf der Gegenfahrbahn«, sage ich hastig.

»Ey, Sigi, chill mal! Es kommt doch keiner«, erwidert sie. Dann biegt sie einfach ab und grinst mich frech an. »Hat doch geklappt.«

»Mach das noch mal, und die Fahrstunde ist beendet«, sage ich leise, aber mit Nachdruck, damit kein Zweifel daran besteht, dass ich es auch ernst meine. »Du gefährdest uns und andere, das geht nicht! Entweder willst du den Führerschein machen und hältst dich an die Verkehrsregeln oder du lässt es sein. Stell dir nur vor, uns wäre einer reingefahren!«

Irina kneift die Augen vor Zorn zusammen. »Was willst du, Alder? Glaubst du, du bist hier der Boss, oder was?«

Auch mein Blutdruck steigt. Das ist nicht gut in meinem Alter. »Reiß dich zusammen und spar dir deine pseudo-coolen Kommentare! Ich sag's nicht noch mal!«

Schweigen breitet sich im Wagen aus. Es gibt keinen Ort auf der Welt, der ungeeigneter für einen Streit ist als das Innere eines Autos. Keiner kann fliehen, keiner kann entkommen, man sitzt in einer Blechschüssel gefangen auf engstem Raum nebeneinander und giftet sich an. Da kommt Freude auf! Jetzt bestraft mich Irina mit eisigem Schweigen – immerhin besser als die frechen Kommentare.

Unser Weg führt uns weiter nach Taufkirchen, da ich mit ihr noch mal das Fahren im Kreisverkehr üben möchte. Irina schlägt das Lenkrad nach dem Einfahren in den Kreisel meist zu stark ein und driftet dann zu weit in die Mitte. Dabei wird sie immer langsamer, was die anderen Verkehrsteilnehmer, die in den Kreisel einbiegen wollen, dazu verleitet, einfach loszufahren. Ich lasse Irina, als wir am Kreisel ankommen, einmal ganz herumfahren, damit sie ein Gespür für die Kurve bekommt.

»Das war doch schon ganz ordentlich«, lobe ich sie, da sie den Schwung diesmal gut mitgenommen hat. »An der nächsten Ausfahrt verlassen wir den Kreisverkehr und achten auf Fußgänger am Zebrastreifen.«

Vorausschauend fahren fällt den Anfängern meist schwer, und auch Irina ist so sehr mit Blinken, Spiegelblick und Herunterschalten beschäftigt, dass sie ein bisschen zu dicht an die Radfahrerin vor uns herankommt.

»Halt bitte mehr Abstand. Oder willst du, dass die arme Frau ’nen Herzinfarkt bekommt und vom Fahrrad fällt?«, warne ich sie vorsorglich.

Wieder zuckt Irina provokant die Schultern. »Du meinst, bevor ich sie überrolle?«

»Lass den Quatsch und überhol endlich«, weise ich sie an. »Innenspiegel, Außenspiegel, Blinken, Seitenblick und Gas. Und mindestens eineinhalb Meter Abstand zu der Radfahrerin.«

Diesmal hält sie sich an meine Anweisung und überholt zügig, ohne jedoch die Höchstgeschwindigkeit zu überschreiten.

»Das war gut«, lobe ich sie, woraufhin sie mir zu meiner größten Verwunderung ein Lächeln schenkt.

Das sieht man auf ihrem Gesicht so selten, dass man sich glatt erschrecken kann, wenn es auftaucht.

Ein Blick auf die Uhr sagt mir, dass wir uns allmählich auf den Rückweg zur Fahrschule machen müssen. Deshalb lotse ich sie wieder in Richtung Ramersdorf. Wir sind schon fast am Ausgangspunkt der heutigen Fahrt angekommen, und ich freue mich, dass es in der zweiten Hälfte der Stunde so gut gelaufen ist, da muss ich auf der Kreillerstraße doch noch mal laut werden.

Etwa hundertfünfzig Meter vor uns steht ein Lieferwagen mit Warnblinklicht auf der rechten Spur, weshalb sich ein kleiner Stau gebildet hat. Wir befinden uns auf der linken Fahrbahn, weil wir demnächst links abbiegen müssen, und die Wagen vor uns bremsen ab, um die anderen Verkehrsteilnehmer einfädeln zu lassen. Statt ebenfalls auf die Bremse zu treten, zieht Irina einfach links rüber auf die Straßenbahngleise und gibt Gas.

Ich steige auf die Bremse und rufe: »Fahr sofort wieder rechts rüber!«

»Wieso? Was hab ich denn jetzt schon wieder falsch gemacht?«, brüllt Irina völlig unvermittelt los und haut mit der rechten Hand aufs Armaturenbrett.

»He, he, Frollein, lass mein Auto ganz! Du fährst auf den Gleisen, das darfst du nicht. Die sind ausschließlich für die Trambahn!«

Irina rollt die Augen. »Mir doch egal! Hier geht's viel schneller.«

»Das mag sein. Deshalb ist es aber noch lange nicht erlaubt. Und jetzt fahr zu, der BMW lässt dich rein.«

Zwei Minuten später erreichen wir die Fahrschule. Direkt davor ist eine Lücke frei, und ich lasse sie rückwärts einparken. Sie fährt etwa bis zur Mitte neben einen parkenden Lieferwagen, hält an und schlägt das Lenkrad ein.

Ich sehe ihr dabei zu, wie sie versucht, den Rückwärtsgang einzulegen, schließlich frage ich: »Was wird das? Rührkuchen?«

Sie wirft mir einen verächtlichen Blick zu, dann findet sie ihn endlich und parkt nahezu perfekt ein. Nicht zum ersten Mal bin ich froh, dass die neunzig Minuten vorbei sind. Die Anspannung ist doch jedes Mal extrem hoch, wenn ich mit Irina unterwegs bin. Zum Glück wartet danach Sven auf mich, ein stets gut gelaunter Sonnyboy, der mit Freude, Humor und Selbstironie bei der Sache ist. Die Stunden mit ihm sind die reinste Wohltat gegen die zickige Irina. Wenn ich mehr solche Schüler hätte wie sie, müsste ich glatt einen Antrag auf Frührente einreichen. Manchmal hat man eben Pech und zieht die A-Karte, aber meist sind die angenehmen und die nervigen Schüler einigermaßen gerecht auf alle Kollegen verteilt. Andernfalls käme es vermutlich regelmäßig zum Aufstand.

Unser Chef hat da ein ganz gutes Händchen, genau wie für die Theoriestunden, bei denen es spannende und weniger spannende Themen gibt. Jeder muss mal ran, keiner kann sich immer nur die Rosinen rauspicken, für alle gilt: keine Sonderbehandlung.

Dass die Anfälle der unberechenbaren Ukrainerin sogar noch steigerbar sind, das hätte ich mir aber nicht träumen lassen. In der nächsten Fahrstunde schon werde ich eines Besseren belehrt und komme dabei echt an meine Grenzen.

Wir fahren etwa seit zwanzig Minuten durch die

Stadt, da braut sich am Himmel ein richtiges Unwetter zusammen, und binnen weniger Minuten schüttet es wie aus Eimern. Die Scheibenwischer arbeiten auf der höchsten Stufe, und die Sicht ist inzwischen alles andere als gut. Auf den Straßen haben sich riesige Pfützen gebildet, außerdem beschlagen die Scheiben, weshalb ich schnell die Lüftung voll aufdrehe.

»Achtung, du driftest zu weit zum Bordstein ab«, ermahne ich Irina. »Da sind Fußgänger unterwegs, die wollen wir nicht nassspritzen.«

»Nicht?«

Spricht's, tritt aufs Gas und zieht den Wagen nach rechts, ehe mein Gehirn meinem Fuß auch nur den Befehl erteilen kann, auf die Bremse zu steigen. Eine Sekunde später nehmen wir die Pfütze am Straßenrand voll mit, das Wasser spritzt mindestens einen Meter hoch. Ein junger Typ bringt sich in letzter Sekunde mit einem Sprung in Sicherheit und zeigt uns wutentbrannt den Stinkefinger.

Irina wirft den Kopf in den Nacken und lacht laut los. »Endlich mal Action hier!« Sie klatscht begeistert in die Hände – und lässt dabei auch noch das Lenkrad los.

Damit bringt sie das Fass zum Überlaufen. Mir reicht's! Meine Schülerin produziert brenzlige Situationen am Fließband, das kann ich weder dulden noch verantworten. Ich trete auf die Bremse, greife ihr ins Lenkrad und steuere den Wagen in eine nahegelegene Haltebucht.

»So, mein Frollein, das war's. Da vorne ist die U-Bahn-Haltestelle. Von dort kannst du nach Hause fahren.«

»Ey, spinnst du?« Sie zeigt mir den Vogel. »Ich hab

meine Jacke noch in der Fahrschule. Das kannst du doch nicht machen, Mann.«

»Und ob ich das kann.« Ich schnalle mich ab, öffne die Beifahrertür und mache Anstalten, mich aus dem Sitz zu hieven.

In dem Moment kapiert sie, dass es mir ernst ist, und sie schaltet wie auf Knopfdruck von aggressiv auf weinerlich um. »Sigi, bitte!«, fleht sie. »Mach das nicht, ja? Meine Mutter dreht durch, wenn sie das erfährt!«

»Das ist nicht mein Problem!«, erwidere ich. Ich ärgere mich oft über Schüler, über andere Verkehrsteilnehmer, Radfahrer, Fußgänger und alles Mögliche sonst noch, aber so wütend war ich wirklich noch nie in einer Fahrstunde.

»Es tut mir leid«, sagt Irina leise. Sie sieht ehrlich geknickt aus.

Ich lasse mich auf den Sitz zurücksinken und mache die Beifahrertür wieder zu. Ein stilles Angebot zur Güte – mehr aber auch nicht. Beim nächsten Mal ist sie fällig, sage ich mir, noch so eine Nummer mache ich nicht mit.

Als könnte sie meine Gedanken lesen, fährt Irina die nächsten zwanzig Minuten tadellos, und ich frage mich, warum es nicht immer so sein kann. Wir sind schon kurz vor der Fahrschule und müssen nur noch links in die St.-Veith-Straße abbiegen, da springt die Ampel etwa zwanzig Meter vor uns auf Gelb.

»Fahr weiter«, sage ich, als Irina zögert.

Leider zu spät. Sie hat sich nämlich in diesem Moment fürs Anhalten entschieden und steigt voll auf die Bremse. Da das Wasser bei dem starken Regen nicht schnell genug abfließen kann, hat sich ein extrem gefährlicher Film auf dem Asphalt gebildet: Aquaplaning! Wir kommen ins Rutschen.

»Halt den Lenker gerade, streck die Arme durch und tritt die Kupplung«, prasseln meine Anweisungen auf Irina ein.

Ausnahmsweise gehorcht sie aufs Wort und schafft es tatsächlich, den Wagen in der Spur zu halten. So schlittern wir lediglich etwa zweieinhalb Meter in die Kreuzung rein.

»Mädchen, was machst du denn für Sachen?«, frage ich mit rasendem Puls, als wir zum Stehen kommen. »Willst du mich heute partout ins Grab bringen, oder was?«

Diesmal kommt keine freche Antwort. Der Schreck ist Irina in alle Glieder gefahren, und sie sitzt zitternd da. Die Hände umklammern immer noch das Lenkrad, und sie blickt starr geradeaus.

Hinter uns ist zum Glück niemand, daher weise ich meine Schülerin an, bis zur Haltelinie zurückzusetzen, ehe die anderen Fahrzeuge in die Kreuzung fahren. Auf den letzten Metern bis zur Hohenbrunner Straße passiert dann zum Glück nichts mehr, und als ich endlich aussteige, kann ich einen erleichterten Seufzer nicht unterdrücken. Junge, Junge, das Mädchen will es wirklich wissen! Aber mit ein bisschen Glück, denke ich mir in meiner grenzenlosen Naivität, war ihr das eine Lehre.

Nichts da. Zwei Fahrstunden später schießt Irina den Vogel endgültig ab. Wir sind bei Nieselregen auf der Landstraße zwischen Unterhaching und Neubiberg unterwegs, als ihr wieder mal eine meiner Anweisungen aufstößt. Statt mir jedoch wie sonst in ihrer gewohnt rotzigen Art zu widersprechen, sagt sie nur: »Na, was machst du jetzt?« Dann verzieht sie völlig unvermittelt das Steuer und lenkt den Wagen bei achtzig Stundenkilometern in Richtung Straßengraben. In letzter Sekunde greife ich ihr ins Lenkrad und steuere zurück auf den Asphalt, die beiden rechten Reifen waren schon auf dem Grünstreifen.

Das war knapp.

»Bist du denn von allen guten Geistern verlassen?«

Meine Stimme will mir im ersten Moment kaum gehorchen. Wenige Meter weiter beginnt zum Glück ein Feldweg, der auf den ersten Metern asphaltiert ist. Dort halte ich den Wagen an und drehe mich zu meiner Schülerin um. Dann hagelt es eine gut sechseinhalbminütige Standpauke, die sich gewaschen hat.

Unbeeindruckt lässt Irina die Tirade über sich ergehen, dann sagt sie: »Die ganze Zeit motzt du hier rum und sagst, was ich alles nicht kann. Das ertrag ich nicht, Alder! Verstehst du? Ich bin eine stolze Frau, ich will Respekt! Was du hier machst, hat nix mit Respekt zu tun.«

Ich glaube, ich höre wohl nicht recht. »Das, was du hier machst, bringt uns in Lebensgefahr!« Zum zweiten Mal innerhalb weniger Wochen hat sie mich an den Rand meiner Belastbarkeit gebracht – und das schaffen wahrlich nicht viele. »Du steigst jetzt sofort aus. Es ist vorbei. Aus, Ende! Mit dir fahre ich keinen Meter mehr.«

Bockig verschränkt sie die Arme vor der Brust. »Pah, das darfst du gar nicht! Wenn du mich hier rausschmeißt, dann zeige ich dich an«, droht sie mir.

Diese ständigen Provokationen geben mir den Rest, und am liebsten würde ich ihr den Hintern versohlen.

»Ich sag's noch einmal. Deine Ausbildung ist hiermit beendet. Ich kann es nicht länger verantworten, dass du uns und andere ständig in Gefahr bringst. Ich rufe jetzt deine Mutter an, damit sie dich abholt. Mir reicht's, und zwar endgültig!« Damit steige ich aus und zücke mein Handy.

Noch ehe ich einmal um den Wagen herumgelaufen bin, hat das kleine Biest den Türverriegelungsknopf gedrückt und mich ausgesperrt. Verdammt! Lass sie bloß nicht auf die Idee kommen, jetzt abzuhauen, flehe ich stumm. Irina hat keinen Führerschein und ist eine echte Gefahr für den Straßenverkehr.

Mein Stoßgebet wird erhört. Offenbar ist meine durchgeknallte Fahrschülerin vorerst ausreichend damit beschäftigt, durchs Seitenfenster Grimassen zu schneiden. Sie scheint sich prächtig zu amüsieren, während ich mir den Kopf zerbreche, was ich tun soll, wenn sie allen Ernstes losfährt.

Fieberhaft suche ich in meinen Kontakten nach der Nummer ihrer Mutter und beordere sie her. Sie ist fassungslos, als ich ihr von den letzten Minuten mit ihrer Tochter berichte, und will sich umgehend auf den Weg machen.

Keine zehn Minuten später trifft sie bei uns ein. Durch die geschlossene Scheibe debattiert sie mit ihrer Tochter auf Ukrainisch, bis diese schließlich die Türen entriegelt und aussteigt. Mich würdigt Irina keines Blickes. Schmollend lässt sie sich auf den Beifahrersitz des Wagens ihrer Mutter fallen und dreht das Autoradio voll auf.

»Danke, dass Sie mich angerufen und Irina nicht einfach hier ausgesetzt haben«, sagt die Mutter, nachdem sie sich so oft bei mir entschuldigt hat, dass ich schon einen Knoten im Gehirn habe. »Darf ich Sie später noch mal anrufen? Bitte!«

Ihr Blick ist so flehentlich, dass ich nach einigem Betteln schließlich weich werde. Allerdings unter einer Bedingung: In Zukunft werde ich mit dieser gemeingefährlichen Irren nicht mehr allein im Auto sitzen. Das ist ja lebensgefährlich! Für mich und die anderen Autofahrer – von den Radfahrern und Fußgängern ganz zu schweigen.

Die letzten fünf Fahrstunden vor der praktischen Prüfung sind wir zu dritt unterwegs. Irinas Mutter sagt die ganzen neunzig Minuten über kein Wort, doch seltsamerweise genügt ihre bloße Anwesenheit, um die streitsüchtige junge Dame im Zaum zu halten. Es ist mir schleierhaft, wie die Frau es anstellt, aber letztlich ist es mir egal, denn es funktioniert. Nachdem wir die noch fehlenden Überland- und Autobahnfahrten hinter uns gebracht haben, üben wir noch zweimal im Stadtverkehr alles, was in der Prüfung drankommen könnte. Zu meinem grenzenlosen Erstaunen kann Irina sehr wohl anständig und vorschriftsgemäß Autofahren und macht auch sonst kaum Fehler. Bis auf meine Anweisungen und ein paar wenige Korrekturen sprechen wir nicht miteinander, der Ton bleibt kühl und distanziert – was mir jedoch lieber ist als alles andere vorher.

Nichtsdestotrotz – oder vielmehr: jetzt erst recht – ist mir dieses Mädchen einfach nicht geheuer. Sie sieht mit ihren kurzen Haaren und dem aufgeweckten Gesichtsausdruck so nett aus, geradezu harmlos, wie sie da hinter dem Lenkrad sitzt und den vorbeifahrenden Verkehr beobachtet. Davon kann man sich leicht täuschen lassen, das habe ich mittlerweile verstanden. Ich rechne jede Minute damit, dass sie ihre Maske ablegt und mich mit einer neuen Attacke überrascht.

Doch meine Sorge ist unbegründet. Irina wirkt wie nach einer Gehirnwäsche. Aus ihrem Mund ist bis zum Tag der Fahrprüfung kein böser Satz mehr zu hören. Mit mir redet sie nach Möglichkeit gar nicht oder nur über ihre Mutter, den Prüfer dagegen säuselt sie derart voll, dass ich aufpassen muss, beim Einsteigen nicht auf der Schleimspur auszurutschen.

Fünfundvierzig Minuten später bin ich total baff. Irina hat eine erstklassige Prüfung hingelegt und ist nahezu fehlerfrei gefahren. Lediglich beim Anfahren an einer Ampel hat sie die Kupplung einmal zu schnell kommen lassen und den Motor abgewürgt. In Erwartung eines Wutausbruchs habe ich schon die Luft angehalten, doch sie ist völlig ruhig geblieben. Nach einem kurzen »Sorry!« hat sie den Wagen wieder gestartet und ist souverän weitergefahren.

»Herzlichen Glückwunsch, Irina. Ich bin stolz auf dich«, sage ich zu ihr, als sie auf der Holzbank sitzt und ihren nagelneuen Führerschein studiert.

Sie wirft mir einen undefinierbaren Blick zu. »Danke.«

»Wenn du willst, dann geht es ja«, kann ich mir nicht verkneifen.

»Spast!«, blafft sie, auf einmal wieder ganz die Alte, und stürmt davon.

Während ich ihr nachblicke, gehen mir die widersprüchlichsten Gedanken durch den Kopf. Ich mache mir große Sorgen, frage mich, ob man dieses Mädchen allen Ernstes auf den Straßenverkehr loslassen darf. Aber immerhin hat sie gezeigt, dass sie sich durchaus wie ein ganz normaler Mensch benehmen und umsichtig agieren kann, tröste ich mich dann. Wieder kommt mir die Mutter in den Sinn, die es irgendwie geschafft hat, ihre Tochter zur Vernunft zu bringen. Nur wie? Vermutlich werde ich es nie erfahren, sage ich mir und versuche, mich mit dem mulmigen Gefühl, das zurückbleibt, zu arrangieren.

Sechs Monate später, ich stehe gerade vor meinem Auto und will zur Fahrschule aufbrechen, piepst mein Handy und kündigt eine MMS von einer mir unbekannten Nummer an. Ich zögere kurz, ob ich mir den Anhang ansehen soll, drücke dann aber kurzentschlossen auf »öffnen«. Es ist ein Foto von einem Arbeitsvertrag.

Was ist das denn für ein Scherz?, frage ich mich, doch die Neugier ist größer als die Vorsicht, und ich zoome das Bild näher heran. Ich stutze – das ist doch Irinas Name auf dem Dokument. Ich scrolle nach unten und erfahre, dass sie tatsächlich einen Ausbildungsplatz als Tischlerin bekommen hat. »Danke, Sigi, dass du damals an mich geglaubt und mich nicht hast fallen lassen wie all die anderen«, lese ich ungläubig die angehängte Nachricht. »Ich hab mich echt assi benommen. So sorry! Den Vertrag verdanke ich dir. Thanx, Irina.«

Wer hätte das gedacht? Der Wolf kann ja ganz friedlich sein.

info

Reflexsätze von Autofahrern

- »Ein Schild? Da war kein Schild!«
- »Ich? Zu schnell? Niemals!«
- »Mein Tacho ist wohl kaputt.«
- »Das auf dem Bild ist mein Zwillingsbruder.«
- »Das Gaspedal hat geklemmt.«
- »Ich hab nix getrunken.«
- »Wo war da eine rote Ampel? Die muss sich hinter der Sonne versteckt haben.«

Quelle: Express.de, BILD.de

Quiz: Abkürzungsfallen – Fachchinesisch für Autofahrer

APS, DSC, PDC und Co. – Abkürzungen für Fahr-, Brems-, Einpark- und andere Assistenzsysteme, mit denen die Autohersteller bei den Kunden punkten wollen, gibt es bis zum Abwinken. Leider wissen nur die wenigsten, was diese Kürzel bedeuten, geschweige denn, wofür die sich dahinter verbergenden Zusatzfunktionen gut sind.

Echter Vollprofi oder totaler Null-Checker? Nach diesem Quiz weißt du genau, wie fit du in Sachen Auto-Fachchinesisch bist. Viel Spaß und ein gutes Händchen beim Ankreuzen! Die Auflösung findest du im Anhang.

1. Was bedeutet SHD?

a) Security Highspeed Drive
b) Speed Hold Distance
c) Schiebe-Hub-Dach
d) Spurhaltedynamik

2. Was heißt MFD?

a) Fahrersitz mit Memory-Funktion
b) Multifunktionsdisplay
c) Mehrfrequenzdüse
d) Bordcomputer

3. Wofür steht PDK?
a) Parkdynamikkontrolle
b) Porsche-Doppelkupplungsgetriebe
c) Park Development Kit
d) Pneumatische Doppelkupplung

4. Was verbirgt sich hinter RLS?
a) Regen-Licht-Sensor
b) Rußleitsystem
c) Radiolautsprecher serienmäßig
d) Regulierendes Lenksystem

5. Wofür steht SWR?
a) Spiegelwinkelregulierung
b) Servo-Wank-Regulierung
c) Scheinwerferreinigungsanlage
d) Schneesichere Winterreifen

6. Was heißt GRA?
a) Tempomat
b) Grafische Anzeige
c) Glatteis-Rutsch-Assistent
d) Genormter Radabstand

7. Und HSN?
a) High Speed Network
b) Hydraulische Spurnivellierung
c) Herstellerschlüsselnummer
d) Halogenscheinwerfernorm

8. Was verbirgt sich hinter CNG?

a) Computergesteuertes Neunganggetriebe
b) Komprimiertes Erdgas
c) CN Gateway
d) Computer Normalized Gearing

9. Was heißt ASR?

a) Traction Control System
b) Antriebsschlupfregelung
c) Allrad-Sommerreifen
d) Abstandssicherheitsregulierung

10. Was bedeutet CDW?

a) Controlled Dynamic Wheels
b) Crash Distance Warning
c) Connected Drive WLAN
d) CD-Wechsler

11. Wofür steht ATA?

a) Austauschautomatik
b) Automatic Traffic Assistance
c) Außentemperaturanzeige
d) AllToAll Communication

12. Was heißt eSP?

a) Elektronisches Stabilitätsprogramm
b) Elektronisches Servolenkungs-Package
c) Individuell einstellbares Sportfahrwerk
d) Elektrisch einstellbare Spiegel

13. Was verbirgt sich hinter HAF?

a) Hochautomatisiertes Fahren
b) Herstellerautorisiertes Fahrzeug
c) Hub-Ausgleichs-Fahrwerk
d) High Attention Factor

14. Was bedeutet SLI?

a) Single Loop Injection
b) Speed Limit Information
c) Standard Light Intermission
d) Safe Lane Indication

15. Was heißt SAS?

a) Speed Assistant System
b) Secure Attention Speed
c) Seitenaufprallschutz
d) Side Assistant Security

So schnell sieht man sich wieder

Sigi

Ein letzter Blick auf die Uhr, dann mache ich die Tür zu. Wir haben jetzt lange genug gewartet. Es ist fast Viertel nach sieben, und bis auf einen sind alle Teilnehmer des Aufbauseminars für Fahranfänger da. Bei den normalen Theoriestunden kommt es öfter mal vor, dass selbst eine halbe Stunde nach Beginn noch der eine oder andere Fahrschüler eintrudelt. Das ist zwar lästig, wenn mitten im Vortrag immer wieder die Tür aufgeht und man ständig von vorne anfangen muss, bleibt aber folgenlos. Wer dagegen beim ASF deutlich zu spät kommt oder bei einem der Termine gar nicht erst erscheint, der hat den Schuss wahrlich noch nicht gehört, denn nur wer an allen vier Sitzungen des Aufbauseminars und der Beobachtungsfahrt teilnimmt, bekommt am Ende eine Bescheinigung. Wer eine der Theorieeinheiten versäumt, hat Pech gehabt, denn nachholen kann man sie nicht.

Ich lasse den Blick über die vier jungen Frauen und drei Männer schweifen, unter denen ich zwei ehemalige Fahrschüler von uns erkenne, und räuspere mich. »So, Leute, dann wollen wir mal anfangen.«

Das Tuscheln verstummt, alle Blicke richten sich auf mich.

»Wie lange geht das heute noch mal?«, fragt einer

der Teilnehmer mit gezücktem Handy, auf dem er gleichzeitig mit dem Zeigefinger herumwischt.

»Zweieinviertel Stunden«, sage ich, »und jetzt steck bitte das Handy weg. Du kannst es später wieder benutzen.« Dann wende ich mich erneut an alle, stelle mich kurz vor und sage ein paar Worte zum Ablauf des Kurses. Nachdem ich auch die letzte Frage zu der am morgigen Samstag anstehenden Beobachtungsfahrt beantwortet habe, legen wir fest, wer mit wem zusammen dran ist – und wann. Der Zeitplan löst jedes Mal großes Gestöhne aus, denn es geht gleich morgens um halb acht los, und komischerweise will wie immer keiner in der ersten Gruppe sein. Als nach zehn Minuten nach wie vor keine Einigung herrscht, biete ich den Teilnehmern an, die Reihenfolge auszulosen.

»Wir können das nicht ewig diskutieren, Leute, oder habt ihr heute Abend etwa nichts mehr vor?«, frage ich in die Runde.

»Doch!«, »Na klar!« und »Stimmt!«, schallt es mir von allen Seiten entgegen, und schwupps sind die Damen und Herren sich einig.

Anschließend bitte ich die Anwesenden, jeweils ein paar Worte zu sich zu sagen und kurz zu erzählen, warum sie hier sind. Das ist für mich neben dem letzten Kurstag, wenn's um das Resümee geht, der spannendste Teil des Aufbauseminars: wie die jungen Leute ihren Verkehrsverstoß beschreiben. Dabei wird nämlich meist schon deutlich, wie sie ticken, was für einen Charakter sie haben und welcher Typ Autofahrer sie sind. Nicht selten sind sie anfangs eher uneinsichtig, fühlen sich von den Behörden gegängelt, oft gar ungerecht behandelt und wissen überhaupt nicht, was sie hier sollen. Genau das ist die besondere Herausforderung für mich bei der Sache, denn so viel ist klar: Freiwillig ist keiner von denen hier, und so richtig Bock drauf hat auch niemand. Deshalb versuche ich auch nie den Oberlehrer raushängen zu lassen oder ihnen Vorschriften zu machen, sondern mit Humor und in lockerer Atmosphäre das Bewusstsein für ihr verkehrsgefährdendes Verhalten zu schärfen – und am Ende ein Umdenken zu bewirken. Das klappt meist gut, denn im Verlauf der gemeinsamen Zeit kippt irgendwann die starrköpfige Einstellung, und spätestens wenn wir den Punkt »Was macht einen guten Autofahrer aus?« behandeln, wandelt sich bei den meisten der anfängliche Widerwille in Erkenntnis oder im besten Fall gar Einsicht. Spätestens dann hat das Seminar seinen Zweck voll und ganz erfüllt.

Die Zusammensetzung der Gruppen ist meist sehr ähnlich, in der Regel hat man ein, zwei Temposünder dabei, einen mit Rotlicht- oder Stoppschildverstoß, außerdem Nötigung und Fahrerflucht. So ist es auch diesmal: Tom und Eric waren zu schnell unterwegs, Kim hat eine rote Ampel »übersehen«, wie sie behauptet, Svea hat einen parkenden Pkw gestreift und fühlt sich völlig zu Unrecht der Fahrerflucht angeklagt, und Theresa wollte auf der Autobahn unbedingt nachsehen, ob ihr Vordermann den Kofferraum richtig geschlossen hat. Allerdings kommen heute mit Lea und Basti noch zwei Kandidaten hinzu, die sich gleich mehrfach erwischen ließen – die eine beim Telefonieren, der andere, weil er nicht angeschnallt war.

»Ich hab noch gedacht, wieso steht der denn da so komisch mitten in der Pampa?, da hat's auch schon geblitzt. Mann, bin ich vielleicht erschrocken, ich hätte fast das Lenkrad verrissen«, erzählt Tom gerade von der Aktion, die ihn hierhergeführt hat.

In diesem Moment rüttelt jemand an der Klinke der Eingangstür, und als sie wie immer klemmt und nicht gleich aufgeht, klopft er so heftig an die Glasscheibe, dass ich Angst habe, sie könnte zerbrechen. Der unvermeidliche Zuspätkommer. Junge, Junge, was manche Leute sich so denken.

Alle Köpfe fahren herum, Tom hält in seinem Vortrag inne.

»Hallo, ich gehöre hier auch noch dazu!«, dringt es von draußen gedämpft herein. Ein sportlicher Typ in Jeans und Turnschuhen mit Käppi und einem riesigen Kopfhörer auf den Ohren ist vor der Fensterscheibe neben der Tür erschienen und winkt mir zu.

Ich schüttele den Kopf und deute mit dem Zeigefinger auf die Uhr, die gegenüber vom Eingang an der Wand hängt. »Du bist zu spät, Kumpel«, sage ich, gehe zur Tür und ziehe sie mit einem Ruck auf. »Es ist gleich acht, das Seminar hat vor einer guten Stunde angefangen.«

Er schiebt sein Käppi in den Nacken und kratzt sich an der Stirn. »Mann, ich weiß selbst, dass ich zu spät bin, aber die Tram ist nicht gekommen, und ich musste laufen. Der scheiß MVV ist schuld, dafür kann ich nichts. Jetzt lass mich rein!«

Gespannt verfolgen die Seminarteilnehmer unseren Disput, doch ich lasse mich nicht vollquatschen, denn die Ausrede ist alles andere als neu.

»Tut mir leid, die Tram fährt alle zehn Minuten, die anderen hier haben es auch alle rechtzeitig geschafft«, sage ich. »Du kannst dich auf unserer Homepage informieren, wann das nächste Seminar stattfindet. An diesem kannst du nicht mehr teilnehmen. Falls du die Gebühr schon bezahlt hast, wird dir ein Teil davon für den nächsten Kurs angerechnet.«

»Was soll die Scheiße?«

Na super. Jetzt wird der Grünschnabel auch noch ausfällig.

»Hey, lass mich rein! Sonst beschwer ich mich über dich!«, versucht er es nun mit einer Drohung und will sich an mir vorbeidrücken.

Ich weiche weder von der Stelle noch lasse ich mich aus der Ruhe bringen. »Tu das, unser Chef ist morgen früh ab acht zu erreichen. Und jetzt geh bitte, wir müssen weiterarbeiten. Wir wollen hier nicht die ganze Nacht rumsitzen.« Damit schließe ich die klemmende Tür, wende mich Theresa zu und bitte sie, uns von ihrem Fall zu erzählen.

Aus den Augenwinkeln sehe ich, wie der Typ draußen ausholt, um gegen die Tür zu treten, und halte kurz die Luft an. Wenn der jetzt gewalttätig wird, steht mir ein langer Abend bevor. Dann muss ich die Polizei rufen, wir müssen den Schaden aufnehmen, das Seminar wird nicht stattfinden, wir müssen einen Ersatztermin finden, und ich werde viel zu spät nach einem wirklich verdammt langen Arbeitstag nach Hause kommen… Zu meinem (und seinem!) Glück verfehlt der junge Mann bei seinem verunglückten Roundhouse-Kick jedoch sein Ziel und humpelt fluchend davon, nachdem er sich am Rahmen sicher ordentlich wehgetan hat.

»Was war das denn für ein Depp?«, fragt Lea und schaut fassungslos in Richtung Tür.

»Wieso hast du den nicht mehr reingelassen, Sigi?«,

meldet sich Svea zu Wort. »Wir haben doch noch gar nicht richtig angefangen.«

»Das meinst du. Wir sind sogar schon mittendrin. Und ich kann euch allen für die nächsten Tage nur raten, pünktlich zu kommen. Sonst habt ihr hier eure Zeit nämlich umsonst abgesessen«, erwidere ich. »Und jetzt ist Theresa dran.«

Daraufhin berichtet die Schwesternschülerin, wie die Polizei sie nach einem Überholmanöver auf der Autobahn, bei dem sie den vor ihr Fahrenden bedrängt hat, mit Blaulicht und Kelle gebeten hat, dem Streifenwagen zu folgen. Auf einem Parkplatz haben sie ihr dann eine Videoaufnahme vorgespielt und ihr klargemacht, dass ihr Führerschein auf Probe erst mal weg ist.

»Die sind die ganze Zeit hinter mir hergefahren und haben mich gefilmt«, empört sie sich. »Voll die Überwachung, Mann!«

»Krass, das ist ja wie bei Big Brother«, meint Basti beeindruckt.

»Cool«, findet auch Kim, »das war ja 'ne richtige Verfolgungsjagd! Wie bei Alarm für Cobra 11, dieser Sendung auf RTL.«

»Moment mal, ihr verwechselt da was. Theresas Verhalten war nicht bewundernswert, sondern gefährlich«, versuche ich der Begeisterung sofort einen Riegel vorzuschieben. Genau deshalb sind die jungen Verkehrssünder ja hier: weil sie kein Gespür für Recht und Unrecht haben und dadurch sich und andere gefährden. »Wer so riskant fährt, nimmt einen Unfall in Kauf und bringt Menschenleben in Gefahr. Das ist kein Kavaliersdelikt. Aber darüber unterhalten wir uns später noch ausführlich. Jetzt lasst erst mal die anderen noch zu Wort kommen.«

Nachdem die Vorstellungsrunde beendet ist, schreibt jeder seinen Verkehrsverstoß auf eine Karteikarte, die wir an eine Pinnwand heften. In Gruppenarbeit lasse ich die Teilnehmer dann herausarbeiten, welche Verhaltensweisen die einzelnen Verstöße begünstigt haben und wie sich ähnliche Situationen künftig vermeiden lassen. Ziel des Seminars ist es unter anderem, bei Fahranfängern mehr Bewusstsein für die Konsequenzen ihres Verhaltens zu schaffen und ihnen klarzumachen, dass sie damit eine Gefahr darstellen. Eigentlich eine Selbstverständlichkeit, sollte man meinen.

Tatsächlich ist das manchmal ein hartes Stück Brot, denn nicht immer sind die jungen Verkehrssünder einsichtig oder in der Lage, ihr Handeln selbstkritisch zu analysieren. Begriffe wie Rücksicht, Toleranz und partnerschaftlicher Umgang mit den Mitmenschen kommen in der Regel eher nicht so gut an. Nicht wenigen gehen mit einem PS-starken fahrbaren Untersatz schon mal die Gäule durch, ohne dass sie begreifen, was sie da tun. Genau da versuche ich anzusetzen und ein anderes, ein neues und verantwortungsvolles Bewusstsein zu schaffen. In der heutigen Stunde kommen wir an den Punkt, als wir nach einer Weile Bastis Fall noch mal aufgreifen, um ihn genauer zu analysieren.

»Ich bin bloß ein einziges Mal die Straße runtergefahren, vom Haus meiner Eltern bis zu mir. Das sind nicht mal dreihundert Meter«, argumentiert er. »Bis ich mich da angeschnallt hab, bin ich ja schneller gelaufen!«

»Warum hast du es nicht getan, wenn es eine so kurze Strecke ist?«, frage ich und löse bei den anderen Teilnehmern ein leises Kichern aus.

»Weil es geregnet hat«, kommt die Antwort wie aus der Pistole geschossen.

Svea prustet laut los. »Schirme gibt's bei euch wohl nicht, was?«

Basti ist beleidigt. »Haha«, sagt er nur.

»Das kann aber noch nicht alles gewesen sein«, fällt mir ein. »Fahren ohne Gurt hat lediglich ein Verwarnungsgeld von dreißig Euro zur Folge, dafür schickt dich keiner zum ASF.« Ich blicke ihn abwartend an.

»Na ja, es war schon das dritte Mal«, gibt er zögerlich zu. »Die Polizei steht öfter an der Ecke und macht einen auf wichtig.«

Ungläubig schüttele ich den Kopf. »Und obwohl du das weißt, schnallst du dich nicht an? Das ist ja nicht mal fahrlässig, das ist fast schon dämlich!«

»Ich schnalle mich grundsätzlich nicht an«, meldet sich Tom zu Wort, ehe Basti die Frage beantworten kann. »Das ist nämlich totaler Schwachsinn!«

Bei der Bemerkung heben sich meine Augenbrauen wie von selbst. »Wie kommst du denn auf den Quatsch?«, hake ich nach.

Selbstbewusst lehnt Tom sich in seinem Stuhl zurück und legt die Arme um die Lehne. »Ganz einfach, Alter. Weil's Schwachsinn ist!« Er redet wie in Zeitlupe und betont jede einzelne Silbe, als hätte er einen Minderbemittelten vor sich.

Na, das wollen wir ja mal sehen, wer von uns beiden hier das Brett vorm Kopf hat. Ich atme tief durch. »Geht's vielleicht auch ein bisschen genauer?«, frage ich in derselben Geschwindigkeit und bin ehrlich gespannt auf die Antwort.

Nach einem lauten, unüberhörbar genervten Seufzen sagt er: »Meine Cousine hatte vor zwei Jahren einen schweren Auffahrunfall auf der Autobahn. Ein Mercedes-Fahrer hat nicht gecheckt, wie langsam sie fährt, und ist von hinten voll in sie reingerauscht. Ihr Kleinwagen war komplett im Arsch, der Fahrersitz gebrochen, und sie ist durch die kaputte Heckscheibe auf die Fahrbahn geschleudert worden. Sie hat nur überlebt, weil sie nicht angeschnallt war, ansonsten wäre nichts als Brei von ihr übrig geblieben.« Er verschränkt die Arme vor der Brust und blickt herausfordernd in die Runde.

Die anderen schweigen beeindruckt und entsetzt zugleich, nur Lea und Kim tuscheln.

»Das mag für den von dir geschilderten Einzelfall durchaus zutreffen, aber in achtundneunzig Prozent aller Fälle endet ein Auffahrunfall mit mehr als fünfzig Stundenkilometern tödlich, weil die Fahrzeuginsassen *nicht* angeschnallt sind.«

Ungläubige Blicke allerseits, allein Tom wirkt noch immer nicht überzeugt. Gut, ich kann gerne noch 'ne Schippe drauflegen: »Da könnt ihr auch gleich im dritten Stock aus dem Fenster springen, das entspricht ungefähr der gleichen Wucht wie bei einem Zusammenstoß.«

»Echt jetzt?«, fragt Kim entsetzt.

»Das hätte ich nicht gedacht.« In Toms Gehirn scheint etwas in Bewegung geraten zu sein. Auf einmal hört er mir viel aufmerksamer zu als vorher.

»Jetzt aber noch mal zurück zu Basti. Die Geschwindigkeit spielt keine Rolle«, erkläre ich seinen Verstoß genauer. »Du bist ohne Gurt gefahren, das allein zählt. Und wenn's nur ein einziger Meter ist.«

»Das ist ja mal eine bescheuerte Regel!«, ruft Theresa dazwischen.

Eric, der seit der Vorstellungsrunde noch kein Wort gesagt hat, scheint aus seinem Tiefschlaf zu erwachen. »Pah, das ist noch gar nichts! Wenn du besoffen bist, brauchst du nicht mal zu fahren. Da reicht es, wenn der Schlüssel im Zündschloss steckt, auch wenn du nur im Auto liegst und pennst. Da kriegen sie dich trotzdem dran wegen Fahren mit Alk oder wie das heißt.«

»Fahren unter Alkoholeinfluss«, helfe ich ihm weiter und füge hinzu: »Du hast recht, sobald man den Schlüssel ins Zündschloss gesteckt hat, gilt das als Inbetriebnahme des Fahrzeugs.«

»Das check ich nicht.« Theresa kann es nicht fassen. »Das ist doch total bescheuert!«

»Glaubt mir, diese Regeln wurden nicht gemacht, um euch zu ärgern oder weil da irgendein übereifriger Amtsschimmel vor Langeweile nicht weiß, was er den ganzen Tag tun soll. Die sind alle sinnvoll. Deshalb seid ihr ja auch hier.« Ich blicke in die Runde, und diesmal regt sich kein Widerspruch. »Aber Leute, wir kommen vom Thema ab. Für Alkoholsünder gibt es eigene Seminare, das handeln wir hier nicht ab. Wir müssen ein bisschen Gas geben, uns läuft die Zeit davon«, erkläre ich und werfe einen Blick auf die Uhr.

Uns bleibt noch knapp eine Viertelstunde, und es waren noch nicht alle sieben Kandidaten dran. Ich überlege kurz und entschließe mich, doch noch ein paar Worte zum Thema Alkohol zu sagen und dafür ein bisschen umzudisponieren. Statt mich exakt an den vorgegebenen Lehrplan zu halten, ist es mir wichtiger, bei den Teilnehmern des Seminars ein Umdenken zu bewirken, auch wenn die Diskussion deshalb ein wenig länger dauert als vorgesehen. »Einen Fall können wir noch durchsprechen, die anderen müssen wir uns für die nächste Theorieeinheit vornehmen«, sage ich daher und bitte Svea, uns Genaueres von ihrer Fahrerflucht zu erzählen.

Sichtlich verlegen druckst sie herum. »Also, ich war in der Engelhardstraße in Sendling unterwegs und so gut wie zu Hause. Die Straße macht irgendwann einen scharfen Knick nach rechts, dort wird es dann ganz schön eng, weil die Leute an der Ecke jeden freien Zentimeter zuparken. Manchmal stehen auf beiden Seiten Autos, und wenn einem jemand entgegenkommt, wird's ganz schön knapp.«

»War das am Tag oder nachts?«, frage ich.

»Nach Mitternacht. Ich war mit ein paar Freundinnen in der Disco und hab sie alle nach Hause gefahren. Na ja, jedenfalls stand da einer ganz bescheuert auf der Ecke, und als ich gerade um den rumkurve, kommt einer von vorn. Ich bin erschrocken und hab nach rechts gelenkt, damit wir nicht zusammenstoßen. Dabei ist es dann passiert.«

»Was denn?«, fragt Kim nach, als Svea nicht weiterredet.

»Na, ich hab eine Schramme in den geparkten Golf gemacht. Hinten links, an der Stoßstange. Ich hab angehalten und bin ausgestiegen, um mir den Schaden anzusehen.«

»Was ist mit dem anderen Verkehrsteilnehmer? Ist der auch stehen geblieben?«, will ich wissen.

»Nein, der ist weitergefahren. Und am Golf konnte ich im Dunkeln so gut wie nichts erkennen. Da war zwar ein kleiner Kratzer, aber der war eigentlich viel zu tief, als dass er hätte von mir sein können. War hundertpro schon vorher da. Egal, ich bin dann zurück in mein Auto und habe einen Zettel mit meiner Telefonnummer hinter den Scheibenwischer von dem Golf geklemmt. Dann bin ich nach Hause gefahren.«

Ich ahne, wie die Geschichte weitergeht, und sage: »Oha, dann hast du sicher bald Post von der Polizei bekommen, stimmt's?« Svea nickt. »Ja, und das find ich echt kacke, schließlich bin ich nicht einfach abgehauen.«

Die anderen Teilnehmer murmeln zustimmend. Ich lasse den Blick über die Gesichter schweifen und mache die Probe aufs Exempel. »Wer von euch ist der Meinung, dass Svea sich richtig verhalten hat? Hebt bitte mal die Hand.«

Sechs Arme schießen in die Höhe. Nur Theresa lässt die Hand unten.

»Was meinst du?«, wende ich mich an sie.

Sie grinst. »Ganz einfach: Wenn's richtig gewesen wäre, dann säße sie jetzt nicht hier«, schließt die Studentin messerscharf.

»Ganz genau. Was hätte sie denn deiner Meinung nach tun müssen?«

Nach kurzem Überlegen meint sie: »Die Polizei rufen?«

»Das ist eine Möglichkeit, es gibt aber noch einige weitere. Was meinen die anderen?«, wende ich mich nun wieder an die Gruppe.

Ratlose Mienen, dann sagt Basti: »Ich hab keinen blassen, Mann!«

Nachdem auch den anderen nichts weiter einfällt, erkläre ich es ihnen. »Normalerweise sollte man eine gute Viertelstunde bis zwanzig Minuten auf den Halter des beschädigten Fahrzeugs warten.«

»Mitten in der Nacht?«, ruft Kim entsetzt. »Das kann

doch keiner verlangen! Die Wahrscheinlichkeit, dass der kommt, ist doch unter null.«

»Da gebe ich dir recht. Svea hätte ihn auch schlecht aus dem Bett klingeln können, wenn sie festgestellt hätte, dass er im Haus nebenan wohnt. Denn das ist eine weitere Möglichkeit: den Halter zu suchen.«

Ungläubige Mienen um mich herum.

»Bleibt also doch nur, die Bullen zu rufen«, meint Tom.

»Anrufen, nicht unbedingt *herbei*rufen«, verbessere ich ihn. »Bei Bagatellschäden ist es nicht nötig, dass die Polizei den Schaden vor Ort aufnimmt, aber ihr müsst ihn auf jeden Fall melden.«

»Ach!« Svea ist perplex.

»Wenn ihr jemals ein anderes Fahrzeug anfahrt, dann ruft bei der nächsten Polizeidienststelle an, gebt den Unfallort, den Schaden und das Kennzeichen des beschädigten Wagens durch und meldet den Vorfall. Am besten, ihr lasst euch auch noch den Namen von dem Beamten geben, der das Ganze aufnimmt. Dann seid ihr auf der sicheren Seite.«

»Aha, und wie geht's dann weiter? Wer informiert die Versicherung und erledigt den ganzen Kram?«, will Eric wissen.

»Das kommt darauf an. Die Polizei ermittelt den Halter, informiert ihn und gibt ihm eure Kontaktdaten. Es bleibt dann ihm überlassen, ob er sich meldet und den Schaden repariert haben will.«

Ein letzter Blick auf die Uhr sagt mir, dass wir schon zehn Minuten überzogen haben, aber das war mir die Sache wert. Für heute beende ich die Sitzung mit dem erneuten Hinweis, dass es am nächsten Morgen um halb acht mit der ersten Beobachtungsfahrt weitergeht.

Während ich hinten im Aufenthaltsbereich den PC herunterfahre, packen die jungen Leute ihre Sachen zusammen und verabschieden sich. Die Gruppe war nach anfänglicher Skepsis bei der Sache und hat engagiert mitgemacht. Damit stehen die Chancen gut, dass sie den Rest ihrer verlängerten Probezeit unbeschadet überstehen. Ich habe den Eindruck, dass die Teilnehmer heute einiges mit nach Hause nehmen, was sie zum Nachdenken anregt.

»Echt krass«, höre ich Tom im Gehen sagen, als hätte er meine Gedanken erraten. »Ich dachte eigentlich, das wird hier 'ne stinklangweilige Nummer, bei der man sich den Arsch platt sitzt. Aber das war ja richtig spannend.«

»Ja«, erwidert Theresa. »Wer hätte gedacht, dass man erst Scheiße bauen muss, damit man echt interessante Sachen erfährt.«

Tipp! Flensburg

Wer rechnen kann, ist klar im Vorteil – das gilt auch, wenn es um die gefürchteten Punkte in Flensburg geht. Wer sich nicht sicher ist, kann sich unter www.tuev-sued.de/fuehrerschein_pruefung/aktuell_informiert/punkterechner ein Programm herunterladen, mit dem sich der aktuelle Punktestand anhand der begangenen Vergehen (allerdings ohne Gewähr) errechnen lässt. Außerdem erfährt man, wie man Punkte abbauen kann und welche weiteren Folgen sich aus dem Verkehrsverstoß ergeben.

info

Keine Gnade – der Führerschein auf Probe

Den Führerschein gibt's für Fahranfänger zunächst auf Probe, und zwar für zwei Jahre. Vorsicht und immer schön an die Regeln halten, heißt es da. Auf keinen Fall darf man sich innerhalb dieser Frist eine Verkehrsstraftat oder eine Ordnungswidrigkeit mit einem Bußgeld von vierzig Euro und mehr zuschulden kommen lassen. Wer also nur in der Innenstadt die Parkzeit überschreitet oder zehn Kilometer schneller fährt als erlaubt, dem passiert nichts. Bei allen anderen Verkehrsverstößen handelt man sich nicht nur zwei weitere (also insgesamt vier) Jahre Probezeit ein, sondern wird außerdem zum Aufbauseminar für Fahranfänger (ASF) geladen. Auschlaggebend ist dabei die Schwere des begangenen Verstoßes, die in zwei Kategorien unterteilt sind. Es gilt die Regel: Bereits ein einziger A-Verstoß hat ein ASF zur Folge, während man mit einem B-Verstoß noch ungeschoren davonkommt und erst bei erneuter Auffälligkeit zum ASF muss.

Als A-Verstöße (schwerwiegende Zuwiderhandlungen gegen die Straßenverkehrsordnung) gelten:

- fahrlässige Tötung oder Körperverletzung,
- Unfallflucht,
- Nötigung,
- Vorfahrtsverletzung mit Gefährdung anderer Verkehrsteilnehmer,
- verbotenes Rechtsüberholen außerhalb geschlossener Ortschaften,
- Überschreiten der zulässigen Höchstgeschwindigkeit um mindestens 21 km/h,

- zu schnelles Fahren bei Unübersichtlichkeit, an Gefahrenstellen, unübersichtlichen Kreuzungen und Einmündungen, Bahnübergängen oder bei schlechten Sicht- oder Wetterverhältnissen (z. B. Nebel, Glatteis),
- Gefährdung des Straßenverkehrs,
- zu geringer Sicherheitsabstand bei einer Geschwindigkeit von mehr als 80 km/h,
- unerlaubtes Wenden oder Rückwärtsfahren (z. B. Geisterfahren auf einer Autobahn oder Kraftfahrstraße),
- Missachtung von Rotlicht, eines Stoppschildes oder von Haltzeichen von Polizeibeamten sowie Abbiegen bei Ampeln mit grünem Rechtsabbiegerpfeil, ohne an der Haltelinie anzuhalten,
- Fahren unter Alkohol- oder unter Drogeneinfluss (für Fahranfänger gilt die 0,0-Promille-Grenze),
- Fahren ohne Fahrerlaubnis,
- Benutzung unversicherter oder nicht zugelassener Fahrzeuge (z. B. ohne Betriebserlaubnis),
- Überholen im Überholverbot,
- unerlaubtes Abbiegen,
- falsches Verhalten an Bahnübergängen, an öffentlichen Verkehrsmitteln und Schulbussen oder an Zebrastreifen,
- unterlassene Hilfeleistung,
- unerlaubte Fahrgastbeförderung,
- Nichteinhalten des Rechtsfahrgebots,
- Fahren ohne Begleitperson beim begleiteten Fahren ab siebzehn Jahren.

B-Verstöße (weniger schwerwiegende Zuwiderhandlungen gegen die Straßenverkehrsordnung) sind:

- unbefugte Benutzung eines Kraftfahrzeugs,
- Gefährdung oder Behinderung von Fußgängern oder Radfahrern beim Abbiegen,
- Gefährdung oder Behinderung von Personen an Haltestellen öffentlicher Verkehrsmittel,
- Kennzeichenmissbrauch,
- ungenügendes Absichern eines liegengebliebenen Fahrzeugs mit Gefährdung anderer,
- verbotenes Parken auf Autobahnen und Kraftfahrstraßen,
- Überschreiten der Frist für die Hauptuntersuchung (TÜV-Termin) um mehr als acht Monate,
- Fahren mit abgefahrenen Reifen,
- Gefährdung oder Behinderung von Schulkindern an einem haltenden Schulbus,
- Behinderung von Beamten,
- Telefonieren mit einem Mobiltelefon ohne Freisprecheinrichtung,
- Fahren ohne Licht bei erheblicher Sichtbehinderung (Regen, Schneefall, Nebel).

Im ASF, das aus einem Theorieblock und einer Fahrprobe besteht, werden auffällig gewordene Fahranfänger in der Gruppe zu verantwortungsvollerem Verhalten angeleitet. Schwänzen ist übrigens nicht ratsam, denn wer nicht innerhalb einer Frist von acht Wochen eine Teilnahmebescheinigung für ein ASF vorlegen kann, dem droht Führerscheinentzug.

Wiederholungstäter, die nach einem absolvierten Aufbauseminar erneut mit einem A-Verstoß oder zwei B-Verstößen auffällig werden, erhalten eine schriftliche Verwarnung. Ihnen wird außerdem empfohlen, freiwillig an einer verkehrspsychologischen Beratung teilzunehmen. Besonderer Anreiz dabei: Zwei der angesammelten Flensburg-Punkte werden gegen Vorlage der Teilnahmebescheinigung erlassen. Wer danach erneut auffällig wird, dem wird die Fahrerlaubnis entzogen.

Gleiches gilt, wenn Drogen oder zu viel Alkohol im Spiel waren, denn bei Straftaten kennt der Gesetzgeber keine Gnade. Den Führerschein bekommt man erst zurück, wenn man an einem Aufbauseminar teilgenommen hat. Allerdings stellen die zuletzt genannten Verkehrsverstöße ebenso wie ein Überschreiten der erlaubten Höchstpunktzahl (seit Mai 2014 nur noch acht, davor waren es achtzehn) in Flensburg die Eignung des Fahranfängers zum Führen eines Kraftfahrzeugs infrage. In diesem Fall wird eine Medizinisch-Psychologische Untersuchung (MPU) fällig, die, je nach Ergebnis ebenfalls den Entzug der Fahrerlaubnis zur Folge haben kann.

Quellen: www.fahrtipps.de, www.verkehrsportal.de

Das kommt mir spanisch vor

Markus

Südländer sind um einiges temperamentvoller als Deutsche und andere Nordeuropäer, sie reden lauter, gestikulieren oft wild, lachen viel und haben keine Scheu vor Gefühlsausbrüchen, und zwar in jeder Lebenslage. Dass die Fahrstunden mit meiner spanischen Schülerin Carmen deutlich lebendiger und turbulenter ablaufen würden als üblich, damit hatte ich gerechnet. Nur nicht mit dem fast zu vernachlässigenden Detail, dass ich sowohl von »lebendig« als auch von »turbulent« bis zu unserem Zusammentreffen eine völlig falsche Vorstellung hatte.

Schon während ich den Wagen in ihrer ersten Fahrstunde durch den dichten Stadtverkehr zum Übungsplatz steuere, entpuppt sich Carmen als waschechte Südländerin. Wild gestikulierend redet sie ohne Unterlass – über den viel zu kalten Winter in Deutschland, die wortkargen Bayern und das ungenießbare deutsche Essen. Zwischendurch wirft sie immer wieder ihre wallende schwarze Mähne zurück und überprüft im Spiegel in der Sonnenblende ihr perfektes Make-up. Na, das werden sicher lustige Fahrstunden, denke ich mir unbedarft, freue mich zu diesem Zeitpunkt aber noch über die willkommene Abwechslung.

Auf dem Parkplatz angekommen, mache ich meine

Schülerin, die mit Händen und Füßen und mehr schlecht als recht Deutsch spricht, erst einmal mit dem Fahrzeug vertraut. Ausführlich erkläre ich Instrumente, Pedale und Schaltung, ehe ich Carmen beim Einstellen des Sitzes und der Spiegel helfe. Ich habe nicht das Gefühl, dass sie besonders viel versteht. Aber hey, sie ist konzentriert und gibt sich Mühe – und das kann man nun wahrlich nicht von allen Fahrschülern behaupten.

»Bist du bereit?«, frage ich.

Sie erschrickt und ringt die Hände. »I soll fahre? Ahora – jetzt?«

Lachend erwidere ich: »Warum bist du denn sonst hier?«

Daraufhin wird sie knallrot, und ich frage mich für den Bruchteil einer Sekunde, was wohl dahintersteckt …

Doch dann konzentriere ich mich wieder auf die Arbeit, zeige ihr, wie man den Motor anlässt, und erkläre, dass sie die Kupplung treten muss, sobald ein Gang eingelegt ist. Sie nickt eifrig, auch wenn ich mir nicht sicher bin, dass sie wirklich alles kapiert hat.

»So, jetzt trittst du mit dem rechten Fuß vorsichtig aufs Gaspedal und lässt mit dem linken langsam die Kupplung kommen.«

Irritiert schaut sie mich an. »Wer soll komme?«

»La frizione«, wiederhole ich auf Italienisch. Dank dreizehn Jahren Fernverkehr beherrsche ich zumindest rudimentäres Automobil-Italienisch (also fast Spanisch) und bin daher in der Lage, Carmen mit der Materie vertraut zu machen.

Wieder ein ratloser Blick. Offenbar sind die beiden Sprachen in dem Fall nicht deckungsgleich.

Also versuche ich es anders. »Linker Fuß, linkes Pedal ganz fest, ja? Dann rechter Fuß langsam rechtes Pedal, dabei linker vorsichtig zurück.« Ich mache es ihr mit den Händen vor, indem ich die rechte von mir weg und die linke zu mir her bewege. »Beide Bewegungen gleichzeitig, okay? Parallel. Und zwar so lange, bis das Auto rollt. Hast du das verstanden?«

»Sí, sí«, sagt sie, wirft die Haare zurück und nimmt den Fuß von der Kupplung.

Der Wagen macht einen Satz, der Motor geht aus.

»¡Madre mía!« Carmen verzieht den knallrot geschminkten Mund zu einem Lächeln und startet den Motor neu. Einmal, zweimal, dreimal… Nach dem siebten Versuch rollen wir in Zeitlupe über den schneebedeckten Parkplatz. Es herrscht Tauwetter, und aus dem weißen Nass ist im Lauf des Vormittags grauer Matsch geworden. Nicht gerade ideale Bedingungen für eine erste Fahrstunde, aber dann ist die Spanierin wenigstens für den deutschen Winter gewappnet, wenn sie den Führerschein erst in der Tasche hat.

Carmen ist von ihren Fahrkünsten derart begeistert, dass sie die Hände zu Fäusten ballt. Da ich momentan noch für sie lenke, ist das nicht weiter schlimm.

»Aaaaah, bin i gut? Bin i gut? ¡Muy bien!«

»Prima«, lobe ich sie. »Aber die Hände sollten am Lenkrad bleiben.«

Immer wieder lasse ich sie losfahren und anhalten, damit sie ein Gefühl für den Schleifpunkt der Kupplung bekommt. Als das einigermaßen klappt, nehmen wir das Lenken hinzu. Prompt konzentriert sich Carmen so sehr auf ihre Hände, dass die Füße ihr nicht mehr gehorchen und sie den Wagen erneut abwürgt.

In Sachen Multitasking-Fähigkeit ist Carmen alles andere als eine typische Frau. So weiblich sie von ihrem Typ und ihrem Aussehen her ist, wenn es darum geht, zwei oder mehr Dinge gleichzeitig zu tun, verhält sie sich wie ein Mann: Alles macht sie nacheinander, nicht parallel. Das ist beim Autofahren nicht gerade von Vorteil, denn Schalten geht nun mal nicht ohne Kuppeln (klar funktioniert es auch mal ohne, aber das Getriebe lässt jedes Mal grüßen!), und beim Bremsen ist es ebenfalls von Vorteil, wenn man gleichzeitig die Kupplung tritt. Sei es, um in einen niedrigeren Gang zu schalten oder um den Motor nicht abzuwürgen.

»Okay«, sage ich zu Carmen, nachdem wir knapp drei Runden über den Parkplatz gehoppelt sind und ich mich allmählich um den Anlasser sorge. »Am besten, wir machen es andersherum. Du lenkst erst mal nur. Ich kümmere mich um den Rest. Alles klaro?«

»Sí, claro.« Carmen nickt und umklammert mit beiden Händen das Lenkrad, als könnte es jeden Moment durch die Fensterscheibe brechen und wegfliegen.

So fahren wir los, und ich erkläre ihr, wie sie die Hände richtig ans Lenkrad legt. »Wenn du nach rechts willst, schiebst du das Lenkrad ein Stück in die Richtung, bei einer engen Kurve oder beim Abbiegen greifst du mit der linken Hand über und ziehst das Lenkrad herum. Wenn du in die andere Richtung willst, machst du es genau umgekehrt.«

Meine Schülerin, die mir aufmerksam zugehört hat, schaut mich wie gebannt an und sagt: »Nix verstehn.«

Also wiederhole ich das Ganze noch mal in einfachen Worten, und da sie fürs Erste nichts anderes tun muss als lenken, klappt es sogar ganz gut. Statt der Bedienung der Pedale nehmen wir daher zunächst nur blinken und die Verkehrsbeobachtung mit dazu, was ihr ebenfalls keine allzu großen Schwierigkeiten bereitet. Runde um Runde drehen wir auf dem Parkplatz, und bald können wir Kreise und Achter fahren, die man mit ein bisschen Fantasie sogar als solche erkennt.

»¡Fantastico!«, ruft Carmen am Ende der Stunde begeistert und reißt beide Arme hoch. Ich habe es selten erlebt, dass sich jemand über so wenig so sehr gefreut hat. Dennoch, für die Rückfahrt zur Fahrschule tauschen wir lieber wieder die Plätze, denn, wie gesagt, Pedale bedienen und lenken und Verkehr beobachten, das sind momentan noch zu viele Dinge auf einmal.

Viele Schüler haben Koordinationsprobleme, wenn sie mit den Händen und den Füßen unterschiedliche Dinge tun müssen, und ich will die Spanierin nicht gleich überfordern. Die meisten lasse ich nach der ersten Übungsstunde selbst zurück zur Fahrschule fahren, schließlich kann ich mit den Pedalen auf meiner Seite mithelfen und im Notfall auch mal ins Lenkrad greifen. Carmen scheint mir jedoch noch nicht so weit zu sein, und bevor das gute Gefühl, das sie eben noch auf dem Parkplatz hatte, wieder verloren geht, fahre ich lieber selbst.

Kurz bevor wir die Fahrschule erreichen, klappt Carmen wieder die Sonnenblende herunter und beginnt, sich die Lippen nachzuziehen. Sie kneift sich mehrmals in die Wangen, beißt sich auf die Unterlippe und fährt sich immer wieder durch die dichten schwarzen Haare.

»Hast du gleich noch was vor?«, frage ich sie amüsiert, während ich den Wagen in die Parklücke manövriere. In so einem Fahrschulauto wird einem manchmal echt was geboten.

Wieder errötet sie, dann stammelt sie etwas von einem Termin.

Seltsam, denke ich mir, aber da ich mich grundsätzlich nicht um das Privatleben meiner Fahrschüler kümmere, habe ich den Vorfall fünf Minuten später schon wieder vergessen.

In der nächsten Fahrstunde hätte ich meine Schülerin fast nicht wiedererkannt. Ungeschminkt, mit Brille und einer Wollmütze auf dem Kopf steht sie neben einem dunkelhaarigen, grimmig dreinschauenden Mann mit Vollbart vor mir. Erst als sie »Hola, Markus« sagt, weiß ich, wen ich vor mir habe.

»Hallo, Carmen. Na, wie geht es dir heute?«, begrüße ich sie, wobei der Kerl mich ansieht, als wollte er mir jeden Moment ein Messer in die Rippen jagen.

»Das iste meine Mann, Pedro«, stellt sie ihn mir vor. »Er dich will kennelerne.« Dann sagt sie etwas zu ihm auf Spanisch, und die beiden beginnen einen lebhaften Disput.

Äh… was ist das jetzt?! Ganz offensichtlich ist Pedro eher mitgekommen, um sich mit Carmen zu streiten, denn mit mir reden die beiden in den kommenden fünf Minuten hitziger Diskussion kein Wort mehr. Dafür tauschen sie untereinander ein ganzes spanisches Wörterbuch aus, und die Dinge, die sie da sagen, klingen nicht nur freundlich.

Irgendwann sagt Carmen: »¡Vale!«, dreht auf dem Absatz um und marschiert in Richtung Fahrschulauto. Ich dackele ihr hinterher und sage erst mal nichts. Ich möchte schließlich nicht der Nächste sein, mit dem sich die Rassefrau anlegt.

Ich fahre den Wagen zu dem Parkplatz, auf dem wir die letzte Stunde das Anfahren geübt haben, dann übergebe ich Carmen das Steuer. Doch heute will es nicht recht klappen. Sie ist unkonzentriert und hektisch, wir stehen mehr, als dass wir fahren, und gegen Ende der Stunde bricht sie in Tränen aus.

»Mach dir nichts draus, heute war eben nicht dein Tag«, tröste ich sie auf dem Rückweg. »Beim nächsten Mal klappt es besser.«

»I hoffe«, sagt sie leise.

Als wir in die Hohenbrunner Straße einbiegen, steht ihr Mann schon vor der Tür und lässt uns nicht aus den Augen, bis wir uns per Handschlag voneinander verabschiedet haben. Merkwürdiger Kerl. Ob der jetzt jedes Mal hier den Wachhund spielt?

Tatsächlich liefert Pedro seine Frau, die ohne Makeup eher wie eine graue Maus aussieht, die nächsten drei Mal höchstpersönlich bei mir ab und nimmt sie anschließend wieder in Empfang. Als Carmen in der Woche drauf allein und wie in der ersten Fahrstunde stark geschminkt erscheint, werde ich stutzig. Irgendwie kommt mir das Spanisch vor. Ich weiß nur eines sicher: Das veränderte Aussehen wirkt sich sogar auf ihre Fahrkünste aus.

Diesmal klappt es auf dem Übungsplatz, Hände und Füße koordiniert meine Schülerin in den meisten Fällen schon recht gut, und wir hoppeln nur noch selten wie ein Kaninchen durch die Gegend. Als sie es mehrmals hintereinander schafft, den Blinker zu setzen und auch immer schön in alle Spiegel zu schauen, ehe sie links oder rechts in eine der Parkbuchten abbiegt, bin ich schon ganz zufrieden. Nachdem wir mehrere Runden im ersten Gang im Kreis über den Parkplatz gezuckelt sind, so manche Vollbremsung inklusive, ist meine Schülerin bereit für die nächste Stufe.

»So, Carmen, nun versuchst du mal, in den zweiten Gang zu schalten«, beginne ich und erkläre weiter: »Dazu musst du vom Gas gehen, dann die Kupplung treten und diesen Hebel hier einfach nach unten ziehen.« Ich mache es ihr im stehenden Auto einmal vor.

»Gaz, Kuppelung, Hebel runter«, wiederholt sie die einzelnen Schritte. Wenn's in der Theorie um die Abläufe geht, schlägt sie sich schon richtig gut, doch sobald sie dieses Wissen in die Praxis umsetzen soll, ist sie meistens verloren.

Sie schafft es heute tatsächlich, vom Gas zu gehen und die Kupplung zu treten, doch irgendwie bekommt sie es nicht hin, den zweiten Gang einzulegen. Sie rührt und rührt an der Gangschaltung herum und guckt schon lange nicht mehr auf die Fahrbahn. Dann nimmt sie zu meinem Entsetzen auch noch die linke Hand vom Lenkrad und versucht den Schalthebel nun beidhändig in die richtige Position zu befördern. Leider geht sie dabei von der Kupplung, und noch ehe ich die meine treten kann, ist der zweite Gang drin – allerdings hat das Getriebe bei der unsanften Behandlung vor Schmerz aufgeschrien.

»Aua«, sage ich nur, als mich Carmen stolz anguckt und offensichtlich auf ein Lob wartet.

Weitere zehn Minuten später hat sie das Schalten einigermaßen verinnerlicht, und ich überlege gerade, sie heute zum ersten Mal selbst zurückfahren zu lassen, da kommt uns auf dem weitläufigen Gelände ein anderes Fahrschulauto entgegen. Wohlgemerkt:

in mehreren hundert Metern Entfernung. Aber statt dass die Spanierin einfach weiter geradeaus fährt, wird sie hektisch, verreißt vor Schreck das Steuer und hält geradewegs auf eine Straßenlaterne zu.

»Hilfe, was wird das denn?«, rufe ich und greife ihr ins Lenkrad, um einen Zusammenstoß zu vermeiden.

»I hab Angst, dass er uns macht kaputt«, sagt sie und sieht sich nach dem anderen Fahrschulauto um. Dabei dreht sie nicht nur den Kopf, sondern den gesamten Oberkörper – inklusive der nach wie vor das Lenkrad umklammernden Hände.

Wieder manövriere ich den Wagen auf die rechte Seite der Fahrbahn zurück und sage: »Immer schön nach vorne schauen beim Autofahren. Das soll Leben retten.«

Sie tritt mit voller Wucht auf die Bremse und haut auf das Lenkrad. Es folgt ein Wortschwall auf Spanisch, der einer Maschinengewehrsalve gleichkommt, und ich gehe vorsorglich in Deckung. Nach etwa dreißig Sekunden spontanen Vulkanausbruchs will sie partout nicht mehr weiterfahren und besteht darauf, die Fahrstunde abzubrechen.

»Carmen, das ist doch Quatsch«, versuche ich sie zu beruhigen. »Du bist Anfängerin, da ist es vollkommen normal, dass man mal einen Fehler macht.«

Was in ihrem Fall die Untertreibung des Jahrhunderts ist – aber das sage ich lieber nicht.

»Sieh mal, wenn wir noch ein bisschen weiterüben, dann können wir bald schon auf der richtigen Straße fahren. Na, was denkst du?«

Doch statt einer Antwort schnallt Carmen sich ab und öffnet die Fahrertür. Muy bien, denke ich, diese Stunde ist offenbar wirklich beendet.

Ich lasse mich auf den Fahrersitz fallen und kutschiere uns zurück zur Fahrschule. Auf dem Weg bittet sie mich, kurz an der Tankstelle in der Rosenheimer Straße anzuhalten, sie müsse zur Toilette. Da wir sowieso zu früh dran sind, tue ich ihr den Gefallen.

Als Carmen nach fünf Minuten noch nicht zurück ist, blicke ich von meinem Handy auf, um nach ihr Ausschau zu halten, und beobachte, wie sie sich von einem Mann verabschiedet, den sie umarmt. Aber nicht so Schwester-Bruder-mäßig, sondern irgendwie inniger. Na, wenn das der eifersüchtige Pedro sehen könnte!

»Hast du zufällig einen Bekannten getroffen?«, frage ich sie, als sie mit geröteten Wangen wieder ins Auto steigt.

»Sí, sí, das ist eine Arbeitskollege von Pedro«, sagt sie und wendet den Kopf ab.

Wieder beschleicht mich ein seltsames Gefühl – an der Story ist doch was faul! Doch kurz darauf findet Carmen ihre Sprache wieder und plappert meine Bedenken mit Witzen und Kommentaren über ihr mangelndes Fahrtalent einfach weg.

Sieben Wochen und mehr als zwanzig Fahrstunden später schafft Carmen es noch immer, mit angezogener Handbremse loszufahren und sich anschließend zu wundern, warum sie nicht vom Fleck kommt. Gerne fährt sie auch mal ohne Licht, vor allem in den frühen Morgenstunden, wenn ihr spanisches Temperament noch nicht erwacht ist. Dann läuft sie echt auf Sparflamme und macht einen Fehler nach dem anderen, weshalb wir irgendwann beschließen, uns vor elf Uhr nicht mehr zu treffen.

Nichtsdestotrotz habe ich manchmal den Eindruck, dass sie sich absichtlich so ungeschickt gibt, damit sie mehr Fahrstunden braucht. Nur warum? An mir kann's nicht liegen, ich bin definitiv nicht ihr Typ. Das weiß ich genau, denn sie schwärmt mir ständig von großen, dunkelhaarigen, breitschultrigen Männern vor. Was ich auch weiß: Sie ist immer nur dann geschminkt, wenn ihr Mann Pedro weit und breit nicht zu sehen ist. Was das wohl zu bedeuten hat? Irgendwie weckt diese Frau meinen detektivischen Spürsinn. Vermutlich hat es mit der Spannung zu tun, die jedes Mal in der Luft liegt, wenn sie sich hübsch gemacht hat. An solchen Tagen fährt sie übrigens mit atemberaubend hohen Absätzen, die man glatt der Versicherung melden müsste. Egal, sage ich mir, die Frau kann machen, was sie will. Hauptsache, sie lernt irgendwann Auto fahren.

Nach zwei Überlandstunden hintereinander sind wir heute mal wieder im Stadtverkehr unterwegs, und trotz schneeglatter Fahrbahn lenkt Carmen den Wagen halbwegs souverän durch Ramersdorf. Mir ist schon zu Beginn der Stunde aufgefallen, dass meine Schülerin heute wieder stark geschminkt und zurechtgemacht ist, während sie die Tage davor immer mit Brille und ohne Make-up zur Fahrstunde erschienen ist. Entgegen meiner Gewohnheit, mich niemals in das Privatleben meiner Schüler einzumischen, beschließe ich, heute mal genauer auf irgendwelche verräterischen Anzeichen zu achten.

»Die nächste Straße fährst du dann bitte links, in das Wohngebiet da vorne rein.«

»Welche? Die da?«

»Ja, die da.«

Dieses Frage-und-Antwort-Spiel, das erstaunlich viele Fahrschüler draufhaben, bringt mich jedes Mal an den Rand meiner Belastbarkeit. Ich würde wirklich gerne mal wissen, wieso fast alle Menschen, die Autofahren lernen, die gleichen unsinnigen Fragen stellen. Keine Ahnung, was man an »die nächste Straße« nicht verstehen kann. Wenn ich die übernächste Straße meinen würde, dann würde ich das auch so sagen!

Ich zögere kurz. »Du weißt, was wir da üben?«

»Rechts mit links«, kommt es wie aus der Pistole geschossen.

»Genau, rechts vor links. Hast du dir gemerkt, wie man sich da verhält?«

»¡Claro!«

Ich bin mir da nicht so sicher und hake lieber noch mal nach. »Erzähl mal. Was macht man bei rechts vor links?«

»Also…« Meine Fahrschülerin denkt nach und vergisst darüber glatt, beim Abbiegen zu blinken.

»Du hast was vergessen«, ermahne ich sie.

Wie aus dem Nichts tritt sie auf die Bremse und ruft: »Was denn i habe vergesse schon wieder, eh?«

»Blinken«, sage ich mit stoischer Ruhe.

Die Spanierin ringt die Hände, als sie mir erklärt: »I kann nid denke und blinke und fahre auf einemal. Du mich was frage, also i überlege. Wie soll i da noch fahre Auto?«

Zum Glück ist keiner hinter uns. Daher lasse ich unseren ungewöhnlichen Parkplatz (mitten auf der Straße!) einfach mal unkommentiert. Stattdessen sage ich: »Wenn du jemals den Führerschein bestehen willst, wird dir nichts anders übrig bleiben, als gleichzeitig zu fahren und zu denken. Der Prüfer wird dir ganz bestimmt nicht verraten, was du alles beachten und tun sollst. Er sagt dir, wohin du fahren sollst. Mehr nicht.«

»¡No jodas!«

»Was?«

»Das nicht ist deine Ernst!«

»Das ist mein voller Ernst!«

»¡Coño!«

»Was?«

»Scheiße!«

Gut, dass wir das nun geklärt hätten, denke ich und beschließe, nicht weiter darauf einzugehen. »Fährst du jetzt bitte wieder los?«, frage ich Carmen. »Dein Parkplatz ist… ungewöhnlich.« Und verkehrswidrig. Und… ach, lassen wir das.

Wir fahren weiter, und nachdem sie bei den nächsten beiden Querstraßen jedes Mal kurz vom Gas geht, in die Straße hineinschaut und erst dann wieder beschleunigt, bin ich davon überzeugt, dass sie diesen Part beherrscht.

»An der nächsten Kreuzung biegst du bitte rechts ab.«

»Welche?«, fragt sie. »Die da?«

»Ja, genau die. Oder siehst du hier noch andere?«, erwidere ich und atme tief durch.

Wieder geht Carmen vom Gas, schaltet einen Gang herunter und lenkt den Wagen flüssig nach rechts. Ich bin zufrieden und will sie gerade loben, da legt sie die nächste Vollbremsung hin.

»Was ist? Musst du schon wieder denken, oder was?«, erkundige ich mich.

»Da!«, sagt sie nur, statt meine Frage zu beantworten, und deutet nach vorne.

Etwa sechzig Meter vor uns steht ein Müllauto, zwei Männer in knallorangefarbenen Anzügen schieben schwarze Tonnen quer über die Fahrbahn und leeren sie in den Schlund des Lkw.

»Was ist mit denen? Die machen bloß ihre Arbeit«, sage ich, denn ich verstehe das Problem meiner Schülerin nicht.

Das Müllauto steht auf der rechten Seite der Fahrbahn, und links auf der Straße ist so viel Platz, dass man einen Kleinbus quer vorbeischieben könnte, da werden wir mit unserem Golf ja wohl durchpassen.

Tja, nicht mit Carmen am Steuer. Sie legt den Rückwärtsgang ein und will wieder aus der Straße rausfahren. Vor lauter Müllautopanik hat sie jedoch vergessen, in den Rückspiegel zu schauen. Hinter uns steht ein SUV, dessen Stoßstange unserem Kofferraum schon gefährlich nahe ist, als die Fahrerin kurz warnend auf die Hupe drückt.

Carmen und ich treten gleichzeitig auf die Bremse. Nachdem wir unseren deutsch-spanischen Disput beendet haben und die Frau hinter uns noch dreimal gehupt hat, setzen wir endlich im Schneckentempo zum Überholvorgang an. Wir sind gerade auf der Höhe des Müllautos, da legt der Fahrer den ersten Gang ein und gibt Gas.

»¡Mira! Wir hätte warte könne«, sagt Carmen triumphierend.

Ich verkneife mir einen Kommentar und lasse sie stattdessen am Stoppschild am Ende der Straße rechts abbiegen. Vorschriftsgemäß hält sie an der Haltelinie an und winkt einen von links kommenden Radfahrer souverän durch, ehe sie abbiegt. Allerdings schlägt sie das Lenkrad zu stark ein, und wir rumpeln mit dem rechten Hinterrad über den Bordstein. Bei dem Geräusch schlägt Carmen vor Schreck die Hände vors Gesicht, und ich muss ins Lenkrad greifen, damit wir nicht in einem der Zeitungskästen landen, die am Straßenrand stehen.

Carmen ist völlig außer sich. »¡Nooooo! Was war das? Ist die Auto kaputt?«, fragt sie entsetzt.

»Bloß der Bürgersteig«, beruhige ich sie und übergebe ihr wieder das Steuer. »Mach dir keine Sorgen, das passiert an der Stelle zwei von drei Fahrschülern. Allerdings lassen die meisten die Hände am Lenker.«

Die Aktion hat Carmen so nervös gemacht, dass sie etwa dreihundert Meter weiter, als wir an einer roten Ampel anhalten müssen, aus Versehen den Fuß von der Kupplung nimmt und den Motor abwürgt. Der Wagen macht einen kleinen Hopser, und wir bleiben etwa fünf Meter von der Haltelinie entfernt stehen.

»Fahr bitte bis ganz vor«, fordere ich meine Schülerin auf.

Sie startet den Motor, lässt die Kupplung kommen – und wieder hoppeln wir wie ein Kaninchen ein paar Zentimeter nach vorn. Danach folgt noch einmal das gleiche Schauspiel.

»Im ersten Gang geht's besser«, sage ich und deute auf den Schaltknüppel.

Wir sind im dritten auf die Ampel zugerollt, und Carmen hat vergessen runterzuschalten. Das passiert Anfängern sehr oft, aber wenn jemand so viele Fahrstunden hat wie die temperamentvolle Spanierin, dann sollte er von selbst darauf kommen, wo der Fehler liegt.

Während der Rotphase dreht Carmen den Kopf nach links und beobachtet die Fußgänger. Plötzlich zuckt sie zusammen und wird rot wie eine Tomate. Ich folge ihrem Blick und bemerke einen Mann, der mir vage bekannt vorkommt und verstohlen in unsere Richtung schaut. Irgendwo habe ich den Kerl schon mal gesehen. Nur wo?

Ich werd einfach nicht schlau aus Frauen, sage ich mir, schon gar nicht aus spanischen. Doch bevor ich mir weiter den Kopf zerbrechen kann, schaltet die Ampel auf Grün, und wir müssen weiterfahren. In den kommenden Minuten habe ich keine Zeit für weitere Hirngespinste, da Carmen, offensichtlich aufgeregt und verunsichert zugleich, so ziemlich alle Fehler, die ich ihr eigentlich schon ausgetrieben habe, gleichzeitig macht. Sie achtet nicht auf den Verkehr, blinkt nicht, bremst nicht und lässt die Hände nicht am Steuer. Dafür kontrolliert sie immer wieder ihren Lidstrich im Rückspiegel und fährt sich mehrfach nervös durch die wallende Mähne. Und ich, ihr armer Chauffeur, habe alle Hände voll zu tun, sie vor einem Auffahrunfall oder Schlimmerem zu bewahren.

Als wir in der Hohenbrunner Straße ankommen, steht der Mann, den wir vorhin am Straßenrand gesehen haben, ein wenig abseits des Fahrschulgebäudes mitten auf dem Bürgersteig und starrt auf sein Handy. Das kann doch kein Zufall sein, denke ich mir, und wieder erwacht meine Neugier. Ob er auf Carmen wartet? Na, auf mich ganz sicher nicht.

Mein Blick fällt auf die Spanierin, die sich, kurz bevor sie sich von mir verabschiedet, noch eine ordentliche Portion Parfüm in den Nacken sprüht. Sie hat es heute besonders eilig, springt hektisch aus dem Wagen und läuft davon – allerdings in die entgegengesetzte Richtung der Stelle, wo der Mann steht.

»He, Markus, komm doch bitte mal eben rein, wir müssen noch klären, wer den Intensivkurs nächste Woche übernimmt«, begrüßt mich Sigi.

»Bin gleich da«, sage ich in Gedanken und beobachte, wie der Kerl meiner Fahrschülerin folgt. Was hat der Typ vor?

Unauffällig schlendere ich den beiden hinterher. Carmen biegt um die Ecke, der Mann bleibt ihr auf den Fersen. Kommt mir das nur so vor, oder geht er plötzlich schneller? Der wird doch nicht etwa …

Mehr sehe ich nicht, weil nun auch er abgebogen ist. Ich beschleunige meine Schritte, biege rechts ab und knalle fast in ein Pärchen hinein, das eng umschlungen hinter der Hausecke steht und sich leidenschaftlich küsst. Das ist doch …

»Carmen?«

»¿Que?« Meine Fahrschülerin windet sich blitzschnell aus der Umarmung des Mannes. »Ah, Markus«, sagt sie, als sie mich erkennt, und in ihrem Gesicht steht ehrliche Erleichterung geschrieben. Mit einer fahrigen Geste weist sie auf ihren Begleiter. »Dase iste Jorge. Er äh … bringte mich nach Hause.« Bei der offensichtlichen Lüge hat sie immerhin den Anstand, den Blick zu senken.

Ich verkneife mir ein Grinsen, während die beiden sichtlich verlegen vor mir stehen. Da fällt mir endlich wieder ein, woher ich den Typen kenne: von der Tankstelle. Langsam dämmert mir, warum Carmen so gerne zur Fahrschule kommt, obwohl sie kaum Fortschritte macht. Ein Schelm, wer Böses dabei denkt …

Tipp! Parken & Halten

Parken und Halten - zwei grundverschiedene Dinge, die den Geldbeutel eines Autofahrers unnötig belasten können, wenn er den Unterschied nicht kennt. Daher hier das Wichtigste in aller Kürze: Beim Halten handelt es sich um eine freiwillige Unterbrechung der Fahrt, bei der man im Fahrzeug sitzen bleibt. Sobald man sein Auto verlässt, parkt man.

Und nun die Besonderheit: Bleibt der Fahrer in Sichtweite, gilt das Aussteigen nicht als Verlassen des Fahrzeugs, es handelt sich also weiter lediglich um Halten. Erst wenn man sich länger als drei Minuten außerhalb des Fahrzeugs befindet, gilt es als Parken, und zwar auch dann, wenn man in Sichtweite bleibt.

info

Die absurdesten Ausreden von Falschparkern

Politessen (oder Beschäftigte des gemeindlichen Vollzugsdienstes, wie sie in korrektem Beamtendeutsch heißen) haben es schwer. Der deutsche Autofahrer ist bekanntlich um keine Ausrede verlegen, wenn es darum geht, ein Knöllchen zu vermeiden.

- »Ich war nur eine Minute/ganz kurz/mal eben weg!«
- »Ich hab nicht geparkt, bloß schnell gehalten.«
- »Ich dachte, bei Regen darf man überall parken?«
- »Mein Hund musste pinkeln. Da hab ich kurz angehalten.«
- »Vorhin war das Parkticket aber noch da.«
- »Ich kann nichts dafür. Ehrlich nicht.«

Quellen: WAZ, BILD.de

Eine Hose für alle Fälle

Sigi

Schon fünf nach drei. Wo bleibt der Junge denn bloß? Ich gehe die paar Schritte von der Fahrschule bis zur Straße vor und spähe in beide Richtungen. Komisch, Kilian war noch nie zu spät. Dafür sorgt seine Mutter, die ihn stets pünktlich bei mir abliefert und nach der Doppelstunde auch wieder abholt. Als könnte der Sechzehnjährige nicht allein mit Bus und Bahn fahren, dabei ist die Straßenbahn-Haltestelle keine zweihundert Meter von der Fahrschule entfernt. Aber gut, ich hatte sogar mal einen Schüler, den hat Mutti vor jeder Rollerfahrstunde eigenhändig umgezogen. Es gibt eben nichts, was es nicht gibt.

Ich will gerade noch mal reingehen und ein paar Fahrschüler anrufen, um die Lücken in meinem Stundenplan zu schließen, da höre ich meinen Namen. Als ich mich umdrehe, kommt Kilian samt seiner allgegenwärtigen Mutter im Laufschritt um die Ecke gerauscht. Völlig außer Atem bleiben sie vor mir stehen.

»Entschuldigen Sie die Verspätung, Herr Roth, aber wir waren noch…«, setzt die Mutter an, doch Kilian fällt ihr ins Wort.

»Klamotten kaufen«, sagt er stolz und dreht sich vor mir einmal im Kreis. »Na, was sagst du jetzt? Hab ich vorab zum Geburtstag bekommen.«

Jetzt erst fällt mir auf, dass er bereits die volle Montur trägt: Motorradstiefel, Lederhose und Lederjacke. Da wäre mir an seiner Stelle auch ein bisschen warm, erst recht nach dem Dauerlauf bei knapp siebenundzwanzig Grad im Schatten. Zumal man in den schweren Stiefeln nicht richtig rennen kann.

»Bin beeindruckt«, sage ich und freue mich, dass mein Vortrag von neulich Früchte getragen hat. Kilian, dessen blonde Igelfrisur unter dem Spurt ein wenig gelitten hat, ist nämlich in Cargohose, Bergstiefeln und Windjacke zur ersten Fahrstunde erschienen. Er hatte zwar einen nagelneuen Integralhelm dabei, trotzdem konnte ich ihn so unmöglich auf die Maschine lassen.

»Wenn du das Moped nicht neunzig Minuten lang schieben willst, solltest du jetzt nach Hause gehen und dir geeignete Sicherheitskleidung anziehen«, sagte ich damals zu ihm. »Unsere Leihausrüstungen sind nämlich derzeit alle vergeben, und in der Montur drehst du mir nicht mal den Zündschlüssel um.«

»Wieso braucht der Junge gleich zu Beginn diese teuren Sachen?«, fragte die Mutter empört. »Er fährt in den ersten Stunden doch sowieso nur im Schritttempo auf dem Parkplatz rum. Außerdem hat uns bei der Anmeldung niemand darauf hingewiesen.«

Solche Argumente hören meine Kollegen und ich tagein, tagaus. Es ist erschreckend, wie fahrlässig manche Leute unterwegs sind und wie wenig ihnen die Gesundheit ihrer Kinder wert ist – oder ihre eigene. Erst neulich stand ein Achtundfünfzigjähriger in kurzer Hose und mit Jethelm vor mir, um auf eine Achtzig-PS-Maschine zu steigen. Den habe ich auch gleich wieder nach Hause geschickt, wie zu erwarten unter heftigem Protest inklusive unqualifizierter Beschimpfungen, aber das muss man als Fahrlehrer aushalten können.

Was die Schutzkleidung angeht, gibt es schlicht keinen Verhandlungsspielraum, weder bei mir noch bei jedem anderen Fahrlehrer, der etwas auf sich hält und auch nur ein bisschen Ahnung von seinem Job hat. Mal ganz abgesehen davon, dass es inzwischen ein Urteil vom Oberlandesgericht gibt, demzufolge es als Verletzung der Verantwortungs- und Sorgfaltspflicht gilt, wenn ein Fahrlehrer bei der Motorradausbildung zulässt, dass ein Schüler bloß eine Jeans oder Windjacke trägt. Bei Sprüchen wie »Hey, Mann, wir haben dreißig Grad, da werde ich ja wohl im T-Shirt um die paar Hütchen kurven können!« geht mir daher geschmeidig der Hut hoch.

Beim Thema Sicherheit hört für mich der Spaß auf. Das Leben ist viel zu kurz für schlechte Kleidung, sage ich meinen Schülern immer. Wer sich freut, dass er zweihundert Euro am Helm gespart hat, ohne darüber nachzudenken, ob das Ding bei einem Unfall auch etwas taugt, der hat etwas Grundlegendes nicht verstanden – und kommt in unserer Fahrschule (wie überall sonst hoffentlich auch) auf keine Maschine. Immerhin sind wir qua Rechtsprechung dazu verpflichtet, die Fahrausbildung nicht durchzuführen, sofern der Schüler sich weigert, sich entsprechend auszustatten.

Jedenfalls lasse ich mich in Situationen wie dieser grundsätzlich auf keine Diskussionen ein. Ich weiß genau, dass unsere Büromitarbeiter jeden Einzelnen, der sich für den Motorradführerschein anmeldet, auf das Thema Sicherheit und geeignete Ausrüstung hinweisen. Abgesehen davon, sollte man als

Führerscheinneuling vorab eine gewisse Zahl an Theoriestunden belegt haben und wird mit an Sicherheit grenzender Wahrscheinlichkeit auch dort das Wort »Sicherheitskleidung« schon mal gehört haben.

Neulich sagte ein Fahrschüler zu mir: »Ja, aber warum brauche ich denn die Motorradkluft jetzt schon? Ich hab doch noch gar keinen Führerschein!«

Das ist so dämlich, dass mir die Worte fehlen. Was selten vorkommt, mich jedoch keineswegs vom Kurs abbringt. Auch bei Kilians Mutter, deren Frage in eine ähnliche Richtung ging, blieb ich freundlich, aber hart. »Wenn Ihr Sohn stürzt und mit der Maschine über den Asphalt rutscht, brennt sich die Stoffhose ins Fleisch. Das tut höllisch weh und wird später beim Arzt richtig eklig, kann ich Ihnen sagen. Außerdem sind Bergstiefel absolut ungeeignet, weil sich die Schnürsenkel in den Fußrasten verfangen können. Im schlimmsten Fall hat man dann nach einem Sturz einen Fuß weniger. Dieser Gefahr wollen Sie Ihr Kind doch nicht aussetzen, oder?«

Entsetztes Kopfschütteln bei der Mutter war die (beabsichtigte) Folge. »Oje, was machen wir denn jetzt? Wir können doch die Fahrstunde nicht ausfallen lassen? Dann muss Kilian sie ja bezahlen.«

Der schmale, hochgewachsene Sechzehnjährige stand da, als hätte ich ihm sein Lieblingsspielzeug weggenommen. Die Enttäuschung war ihm überdeutlich ins Gesicht geschrieben, und er warf einen hilfesuchenden Blick zu seiner Mutterhenne.

»Ich kann Ihnen eines anbieten«, sagte ich nach kurzer Überlegung. »Wir ziehen die Abfahrtkontrolle vor, und ich erteile Ihrem Sohn heute ausnahmsweise eine Theorieeinheit. Das dauert zwar keine neunzig

Minuten, aber so kommt er noch mal mit einem blauen Auge davon.«

»Einverstanden«, sagte Kilian, bevor seine Mutter etwas erwidern konnte. Ihm war die ganze Nummer sichtlich peinlich, und offenbar wünschte er sich nichts sehnlicher, als dass sie uns endlich allein ließ.

Zwei Minuten später hatte sich sein Wunsch erfüllt, und er hörte mir aufmerksam zu, als ich ihm in aller Ruhe erklärte, wie so eine Abfahrtkontrolle vonstattengeht. Diese technische Kontrolle der Fahrsicherheit des Fahrzeugs ist Bestandteil jeder praktischen Fahrprüfung, auch wenn aus Zeitgründen jeweils nur ein Teilbereich drankommt.

Nachdem ich es ihm zweimal vorgebetet hatte, war Kilian in der Lage, ohne meine Hilfe einen Lichtcheck durchzuführen, den Reifendruck zu prüfen sowie die Flüssigkeitsstände zu kontrollieren. Lediglich beim Ablesen des Bremsflüssigkeitsstandes vergaß er, den Lenker vorher gerade zu richten, doch das war nicht weiter schlimm. Bis zu seinem großen Tag würden wir das sicher noch zwei- oder dreimal üben.

Zu den nächsten Fahrstunden kam er mit einer geliehenen Goretexjacke von seinem Onkel, einer dazu passenden Hose, die ihm knapp zwei Nummern zu groß war, Handschuhen und geeigneten Stiefeln mit Klettverschluss. Er sah aus, als wäre er in der Verkleidung des Michelin-Männchens unterwegs zu einem Faschingsball, aber in der Montur konnte ich ihn guten Gewissens auf die Hundertfünfundzwanziger setzen. Und heute steht er in seiner nagelneuen Lederkombi vor mir.

Bei den Grundfahrübungen, um die in den ersten Fahrstunden keiner drumrumkommt, hat Kilian schnell Fortschritte gemacht, und inzwischen sind wir schon vier- oder fünfmal durch die Stadt gekurvt, ohne dass ich mir um seine Sicherheit – oder die der anderen Verkehrsteilnehmer – Sorgen machen musste. Daher haben wir für heute die erste Überlandfahrstunde vereinbart. Passt auch zum Wetter: Dann weht ihm bei der Hitze wenigstens der halbwegs kühle Fahrtwind um die Ohren.

Wir kommen zügig durch die Stadt und fahren auf der Wasserburger Landstraße stadtauswärts Richtung Vaterstetten. »An der nächsten Ampel biegen wir dann links ab«, sage ich über Funk zu meinem Schüler. Dabei blinke ich schon mal vorsorglich und wechsele vor Kilian die Spur, um ihm den Rücken freizuhalten.

Da kommt von rechts ein Sportwagen angerauscht, überholt mich (jawohl: rechts!), zieht direkt vor mir auf die Abbiegespur und schiebt sich zwischen meinen Fahrschüler und mich. Dabei muss der Raser scharf bremsen und fährt so dicht auf Kilian auf, dass ich die Luft anhalte. Knapper geht es kaum! Hoffentlich behält der Junge die Nerven.

Wenn die Ampel, die wir kurz darauf überfahren, rot gewesen wäre, dann wäre ich ausgestiegen und hätte den Fahrer des Sportwagens gefragt, ob er heute Morgen zu heiß geduscht hat. Wozu hat mein Schüler einen neonfarbenen Nierengurt mit der Aufschrift »Fahrschule« um die Taille? Als Deko?! Aber leider ist die Grünphase lange genug für uns drei, und kaum sind wir links abgebogen, zieht der Raser auch schon am Motorrad vorbei. Trotz Überholverbot innerorts und natürlich viel zu schnell. In solchen Situationen, die leider fast täglich vorkommen, könnte ich an der Menschheit verzweifeln. Es ist mir absolut schleierhaft, wieso gestandene Erwachsene, die unmöglich alle minderbemittelt sein können, sich derart rücksichtslos gegenüber Fahranfängern verhalten und dadurch sich und andere gefährden. Ich komme da echt nicht mit.

»So ein Vollpfosten!«, schimpfe ich vor mich hin und drücke dann auf den Funkknopf. »Alles okay mit dir?«

Kilian nickt.

In Vaterstetten lasse ich ihn ein bisschen durchs Wohngebiet kurven, da er bei jeder Querstraße abbremsen, kuppeln und gelegentlich auch runterschalten muss. Manchmal kann er wegen der vielen parkenden Autos so schlecht in die Straßen hineinsehen, dass er anhalten und wieder losfahren muss. Dabei trainiert er seinen Gleichgewichtssinn und bekommt ein besseres Gefühl im niedrigen Tempobereich. Insgesamt klappt das schon ganz gut, nur wenn etwas Unvorhergesehenes passiert, etwa jemand die Straße überquert, ohne zu schauen, spielende Kinder einen Ball auf die Fahrbahn schießen oder wir an einem in zweiter Reihe stehenden Wagen vorbei müssen, wird mein Fahrschüler nervös und kommt durcheinander. Aber das geht am Anfang allen so.

»He, Kilian, das war gerade ein Stoppschild«, melde ich mich über den rauschenden, knisternden Funk zu Wort, als er, ohne einen Fuß auf dem Boden abzusetzen, über die Haltelinie zuckelt. Zwar ist die Straße frei und er hat nach rechts und links geschaut, aber einfach so durchfahren dürfen wir deshalb noch lange nicht. »Du weißt, was das bedeutet, oder?«

Er nickt.

»Warum hältst du dich dann nicht daran? Auf dem Ding steht sogar drauf, was du zu tun hast – einfacher geht's doch nicht. Nächstes Mal will ich einen Fuß auf dem Boden sehen, und zwar für mindestens drei Sekunden. Und drei ist in dem Fall nicht verhandelbar, erst recht nicht in der Prüfung. Verstanden?«

Wieder ein Nicken.

»So, und jetzt leg mal los, wir wollen heute den Gashahn noch ein bisschen aufdrehen.« Damit lotse ich ihn zurück auf die Hauptstraße und weiter nach Zorneding.

Hinter dem Ortsschild von Vaterstetten warte ich darauf, dass Kilian beschleunigt, doch es tut sich nicht wirklich was. Dabei ist die Straße schnurgerade, und er könnte das Ding ruhig mal fahren und nicht ständig nur rollen lassen. Statt mit hundert sind wir vielleicht mit siebenundfünfzig unterwegs. Ich beobachte die Tachonadel: achtundfünfzig, neunundfünfzig, sechzig, einundsechzig, sechzig, neunundfünfzig. Er fährt wieder langsamer? Au weia. Das ist nicht gut. Denn wer zu langsam fährt, verleitet den nachfolgenden Verkehr zu Überholmanövern. Und das kann, gerade bei Fahranfängern, zu heiklen Situationen führen, da es die Verkehrsneulinge gewaltig unter Druck setzt. Jeder, dem auf der Autobahn schon mal jemand an der hinteren Stoßstange geklebt hat, weiß, wovon ich spreche.

Ein Blick in den Rückspiegel bestätigt, was ich bereits befürchtet habe: Vier Autos sind hinter uns, von denen ein Fahrer immer wieder ungeduldig ausschert, um das Verkehrshindernis zu erspähen. Mr. Ungeduld in seinem PS-starken Cabrio ist mir reichlich egal, dennoch muss ich von jemandem, der Motorrad fahren lernen will, auch verlangen können, dass er Gas gibt. Ohne eine gewisse Grundgeschwindigkeit macht es nun mal keinen Spaß.

»Junge, fahr zu, wir machen hier nicht den Traktorführerschein.«

Daraufhin beschleunigt Kilian immerhin auf ungefähr achtundsechzig Stundenkilometer und hat das Glück, dass etwa hundert Meter vor ihm ein Schild steht, nach dem hier bloß siebzig erlaubt sind. Er hält die Geschwindigkeit konstant, gerät allerdings bedenklich nah an den rechten Fahrbahnrand, als uns ein Geländewagen mit Pferdeanhänger entgegenkommt.

»Halt dich mehr in der Mitte der Straße, die Mittelstreifen beißen nicht«, sage ich in das Knarzen des Funkgerätes hinein. Irgendwie hat das Ding heute ständig Aussetzer. Ich schalte es kurz aus und wieder ein, dann frage ich: »Hörst du mich, Kilian?«

Keine Reaktion.

»Kilian, hier Sigi. Kannst du mich hören?«

Mein Fahrschüler hebt die linke Hand, deutet auf sein Ohr und schüttelt den Kopf. So ein Mist! Jetzt ist doch tatsächlich das Funkgerät ausgefallen. Ein Glück sind wir kurz vor Eglharting, wo nur wenige hundert Meter nach dem Ortsschild auf der rechten Seite eine Tankstelle kommt. Per Lichthupe mache ich Kilian aufmerksam und blinke danach rechts, um ihm zu signalisieren, dass er die Tanke anfahren soll. Er kapiert sofort, was ich von ihm will, und hält ein Stück von den Zapfsäulen entfernt auf einem der eingezeichneten Parkplätze an.

Kilian dreht sich zu mir um und schiebt das Visier

hoch, als ich auf ihn zukomme. »Müssen wir die Stunde jetzt abbrechen?«, fragt er besorgt. Er hat Schweißperlen auf der Stirn und glühende Wangen. Die Sonne brennt erbarmungslos vom Himmel, und es weht kein Lüftchen. In der schwarzen Lederkombi schwitzt er sich da natürlich halb tot.

»Keine Sorge, du kannst deine Fahrkünste weiter perfektionieren. Wir müssen nur unsere Positionen tauschen: Ich fahre ab sofort voraus und du hinterher. Du machst einfach alles, was ich mache, und siehst zu, dass der Abstand zwischen uns weder zu groß noch zu klein wird. Alles klar?«

»Alles klar«, wiederholt er und hebt zur Bekräftigung den rechten Daumen.

»Na, dann mal los«, sage ich und sprinte zurück in den gekühlten Wagen. Bin ich froh, dass ich bei der Hitze nicht draußen rumrennen muss.

Wir fahren durch Eglharting und biegen anschließend rechts ab, um durch das Gewerbegebiet zurück nach Vaterstetten zu kurven. Die Straße ist nicht ganz so schnurgerade, da kann mein Schüler sehr schön lenken und Gewichtsverlagerungen üben.

Kilians Maschine ruckelt ein bisschen beim Anfahren, weil er zu wenig Gas gibt, aber er löst die Situation ganz gut, indem er beim Abbiegen die Kupplung zieht und sie danach vorsichtig wieder kommen lässt. Gut gemacht, Junge, denke ich und gebe Gas. Wie erwartet, beschleunigt er eher zögerlich, und ich lasse mein Auto ein Stück rollen, damit der Abstand zwischen ihm und mir nicht zu groß wird und sich jemand in die Lücke dazwischen drängt. Das ist schon ungünstig, wenn man mit Funk fährt – ohne ist es sogar richtig unangenehm.

Alle paar Sekunden blicke ich in den Rückspiegel, um meinen Fahrschüler zu beobachten. Alles, was mir auffällt, muss ich mir merken, um es am Ende der Stunde mit ihm durchsprechen zu können. Kilian macht seine Sache jedoch gut, und so richte ich den Blick immer länger nach vorne.

Es folgt eine langgezogene Linkskurve, und Kilian bringt die Maschine ordentlich in Schräglage. Auch wenn er recht zögerlich fährt, was die Geschwindigkeit angeht, Angst zu kippen hat er jedenfalls nicht. Das hat er schon auf dem Übungsplatz bei den Grundfahraufgaben bewiesen. Selten hat ein Anfänger sich so beherzt in die Kurven gelegt wie er. Ich bin zufrieden. Viel zu meckern gibt es heute nicht, seit Kilian den Gashahn an seiner BMW entdeckt hat.

Aber wer sich zu früh freut, den bestraft bekanntlich das Leben. Als ich das nächste Mal in der etwa einen Kilometer langen Kurve in den Rückspiegel blicke, ist da keiner mehr zu sehen. Weder ein anderes Auto noch Kilian. Ich trete auf die Bremse, schalte den Warnblinker ein und lenke den Wagen an den Straßenrand. Der Schweiß bricht mir aus, allerdings nicht vor Hitze, sondern vor Angst. Zurückfahren oder Wenden kommt nicht infrage, also steige ich aus, schnappe mir den Verbandskasten samt Warndreieck und renne los. Die Sonne brennt mir aufs Hirn, und ich bin nach wenigen Metern außer Atem, so schnell sprinte ich.

Endlich kommt Kilian in Sicht. Kerzengerade sitzt er auf seiner Maschine, winkt mir zu und gestikuliert wie wild. Wie es aussieht, ist er irgendwann nicht mehr um die Kurve, sondern geradeaus weitergefahren und in dem völlig überwucherten Graben gelandet. Offensichtlich hat er sich wegen des weichen Untergrunds nicht getraut zu bremsen, sondern die Maschine einfach ausrollen lassen. Anders kann ich mir nicht erklären, warum er gut fünf Meter von der Straße weg im Acker steht.

»Alles okay?«, rufe ich ihm von Weitem zu.

»Ja!«, brüllt er durchs offene Visier zurück. »Sorry, Sigi, ich hab's nicht ganz um die Kurve geschafft.«

»Das sehe ich«, erwidere ich und bleibe abrupt stehen, als ich erkenne, dass er mitten in einem Brennnesselfeld gelandet ist.

Oh Mann, das hat mir gerade noch gefehlt, ich habe bei der Hitze nämlich nur eine kurze Hose an. So was nennt man Ironie des Schicksals. Ausgerechnet ich, der ich meinen Fahrschülern mit Vorliebe Vorträge über die richtige Schutzkleidung beim Motorradfahren halte, habe, wenn es darauf ankommt, keine anständige Hose dabei. Aber wer rechnet denn bitte schön mit so was?

»Kannst du noch fahren?«, frage ich Kilian in der vagen Hoffnung, dass er die Maschine selbst auf die Straße zurückbefördern wird.

Er schüttelt den Kopf. »Das Vorderrad steckt fest, hier ist es matschig.«

Womit hab ich das bloß verdient? So ein Mist passiert aber auch immer nur mir! Was soll's, spreche ich mir stumm Mut zu, du kommst sowieso nicht drumherum. Je schneller du bei ihm bist, desto schneller steht der Kerl samt BMW wieder auf der Straße. Kurz überlege ich, wie wir am besten vorgehen, doch zu zweit werden wir uns vermutlich eher im Weg als behilflich sein. Ich werde das Motorrad besser allein befreien.

»Warte, ich komme. Mach die Maschine aus und steig schon mal ab, ich übernehme sie gleich.«

»Alles klar.«

Dann hechte ich mit möglichst großen Schritten auf ihn zu, ziehe das Motorrad ein Stück zurück, schwinge mich darauf, lasse es an und fahre es zurück auf den Asphalt. Die ganze Aktion dauert höchstens eineinhalb Minuten, trotzdem kommt es mir vor, als wäre ich barfuß über glühende Kohlen gelaufen. Stundenlang. Meine Turnschuhe sehen aus wie nach einer Schlammwanderung, meine Beine sind knallrot, der Schweiß läuft mir nur so über die Stirn. Habe ich nicht erst letzte Woche noch zu meiner Frau gesagt, dass ich meinen Beruf liebe und mir keinen anderen vorstellen kann? Ich glaube, ich muss da noch mal drüber nachdenken.

»Danke, Sigi.« Kilian strahlt. »Jetzt hast du aber was gut bei mir.«

Meine Beine brennen wie Feuer, als ich leicht gequält antworte: »Lieber nicht!«

Wieder im Auto, fluche ich leise vor mich hin und hoffe, dass der Schmerz bald vorbeigeht. Als es nach knapp zehn Minuten endlich aufhört zu jucken, muss ich grinsen. Es gibt wirklich nichts, was einem als Fahrlehrer nicht passieren kann! Da hilft nur eines, sage ich mir: keine Motorradstunde mehr ohne lange Hose. Nicht nur für den Schüler, sondern auch für unsereins.

Seit jenem Tag liegt dank Kilian eine alte Jeans neben dem Integralhelm in meinem Kofferraum. Nur für alle Fälle ...

info

Wer hätte das gedacht? – Die größten Irrtümer beim Autofahren

Was beim Autofahren erlaubt ist und was nicht, darüber gehen die Meinungen häufig auseinander – und das nicht nur bei den allseits beschimpften und verhöhnten Mittelspurfahrern oder Rechtsüberholern auf der Autobahn. In dieser Liste steht, was tatsächlich zulässig und was verboten ist, auch wenn im Web und anderswo noch so oft das Gegenteil behauptet wird.

Gerücht: Mit Flipflops, barfuß oder in klobigen Stiefeln darf man nicht Auto fahren.

Wahrheit: Grundsätzlich gibt es keine Einschränkungen, was das Schuhwerk betrifft. Angst vor Polizeikontrollen muss daher niemand haben – jedenfalls nicht wegen Sandalen und Co. Beim Thema Schadenersatz im Falle eines Unfalls kann die Versicherung allerdings wegen grober Fahrlässigkeit die Zahlung verweigern.

Gerücht: Wer anderen die Vorfahrt nimmt, ist schuld am Unfall.

Wahrheit: Vorsicht, wer sich hier allzu sicher fühlt, denn nicht selten bekommt man eine Teilschuld. Etwa wenn man den Unfall hätte verhindern können, indem man nicht auf seinem Vorfahrtsrecht beharrt hätte, oder wenn man die zulässige Höchstgeschwindigkeit um mehr als dreißig Prozent überschritten hat. Gleiches gilt bei Auffahrunfällen, wenn der Vordermann den Unfall nachweislich provoziert hat.

Gerücht: Auf dem Seitenstreifen der Autobahn darf man zwar nicht parken, aber kurz anhalten ist erlaubt.

Wahrheit: Nur wer eine Panne hat und nicht weiterfahren kann, darf auf dem Seitenstreifen stehen bleiben – und selbst das nur, wenn er sein Fahrzeug durch ein Warndreieck abgesichert hat. Toiletten-, Telefonier- und sonstige Pausen sind ausschließlich auf Park- und Rastplätzen erlaubt.

Gerücht: Bei schlechter Sicht (aufgrund von starkem Regen oder Nebel) ist immer die Nebelschlussleuchte einzuschalten.

Wahrheit: Weit gefehlt! Wer die Leuchte benutzt, obwohl man noch mehr als fünfzig Meter weit sehen kann, riskiert ein Verwarnungsgeld.

Gerücht: Nach einem Unfall darf man die Autos nicht bewegen, bis die Polizei kommt.

Wahrheit: Solange die Fahrzeuge noch fahrbereit sind, muss man sie sogar zur Seite fahren, um den fließenden Verkehr nicht zu behindern. Allerdings sollte man vorher die Schäden fotografieren oder die Stellung der Autos mit Kreide auf dem Asphalt markieren.

Gerücht: Wenn man im Stau steht, darf man, wie auch an einer roten Ampel, das Handy benutzen.

Wahrheit: Telefonieren oder SMS schreiben ist im Auto nur mit einer Freisprechanlage oder bei ausgeschaltetem Motor erlaubt – was aber keineswegs heißt, dass man vor einer roten Ampel einfach den Motor ausmachen darf, um ungestört zu telefonieren.

Gerücht: Als Beifahrer darf man eine Parklücke für jemanden freihalten.

Wahrheit: Ein weit verbreiteter Irrtum, der gerade auf Supermarktparkplätzen immer wieder für Streit und Ärger sorgt. Nicht wer die Lücke zuerst entdeckt, hat ein Vorrecht darauf, sondern derjenige, der sie zuerst mit seinem Auto erreicht.

Gerücht: Man darf auf dem Standstreifen an einem Stau vorbeifahren, sobald die nächste Ausfahrt angekündigt wird oder in Sichtweite ist.

Wahrheit: Den Standstreifen darf man nur dann benutzen, wenn er durch entsprechende Schilder freigegeben ist, sonst drohen ein Bußgeld und sogar Strafpunkte.

Gerücht: Auf ausgewiesenen Parkflächen darf man auch über einem Gully parken.

Wahrheit: Parken über Schachtdeckeln, wie es in der Fachsprache heißt, ist grundsätzlich verboten. Im schlimmsten Fall wird das darauf abgestellte Fahrzeug abgeschleppt – und das wird teuer.

Gerücht: Fahrrad- und Motorradfahrer dürfen an einer Ampel nicht an einer Fahrzeugschlange vorbeifahren.

Wahrheit: Sofern ausreichend Platz ist und die Zweiradfahrer Schrittgeschwindigkeit fahren, dürfen sie die Wartenden bis zur Haltelinie passieren.

Gerücht: Parkgebühr muss man nur dann bezahlen, wenn der Automat auch funktioniert.

Wahrheit: Ganz so einfach ist es nicht. Nur falls kein anderer Automat in Sichtweite oder dieser ebenfalls defekt ist, darf man den Wagen unentgeltlich abstellen. Allerdings muss man eine Parkscheibe verwenden und darf die angegebene Höchstparkdauer nicht überschreiten.

Gerücht: Wie laut man beim Autofahren Musik hört, ist Ermessenssache.

Wahrheit: Die Musik im Wageninnern darf zu keiner Zeit so laut sein, dass man die Umgebungsgeräusche (Martinshorn, Sirene, Hupen) nicht mehr wahrnimmt, sonst riskiert man ein Verwarnungsgeld.

Gerücht: Rechts überholen ist grundsätzlich verboten.

Wahrheit: Das stimmt so nicht, denn an Schienenfahrzeugen, Linksabbiegern, die sich eingeordnet haben, und Fahrzeugschlangen darf man bei ausreichend Platz und ohne Gefährdung anderer langsam vorbeifahren. Außerdem ist es auch auf dem Beschleunigungsstreifen sowie bei stockendem Verkehr auf der Autobahn erlaubt. Innerorts darf auf Straßen mit freier Fahrbahnwahl rechts sogar schneller gefahren werden als links, solange man die vorgeschriebene Höchstgeschwindigkeit nicht überschreitet.

Gerücht: Ein Verkehrsteilnehmer, der eine Einfahrt oder einen als privat gekennzeichneten Stellplatz blockiert, darf zugeparkt werden.

Wahrheit: Wer so handelt, riskiert eine Anzeige wegen Nötigung. Wer nicht warten oder sein Auto woanders abstellen will, muss ein Abschleppunternehmen herbeirufen (und die Kosten hinterher vom Falschparker zurückfordern).

Gerücht: Wer zum Überholen die Lichthupe einsetzt, betreibt Nötigung.

Wahrheit: Das gilt nur für denjenigen, der dicht auf den Vordermann auffährt und die Lichthupe mehrmals hintereinander betätigt. Solange man den vorgeschriebenen Sicherheitsabstand einhält und seinen Überholwunsch nur einmal kurz ankündigt, ist man auf der sicheren Seite.

Gerücht: Für Fahrten von weniger als einem Kilometer darf man auch mal mehr Leute mitnehmen, als Sitzplätze im Auto vorhanden sind.

Wahrheit: Nein. Bei jeder Fahrt, egal wie kurz sie ist, muss die Anzahl der beförderten Personen der Anzahl der vorhandenen Sicherheitsgurte im Wagen entsprechen.

Gerücht: Ein Zettel mit der Handynummer hinter der Windschutzscheibe verhindert das Abschleppen.

Wahrheit: Ein gewagtes Unterfangen, denn es besteht keinerlei Pflicht, einen Falschparker anzurufen, bevor man ihn abschleppen lässt.

Gerücht: Wer ein parkendes Auto anfährt, ist automatisch schuld.

Wahrheit: Nicht immer, denn wer regelwidrig parkt, bekommt so gut wie sicher eine Teilschuld. Das gilt in zweiter Reihe ebenso wie an unübersichtlichen, gefährlichen oder engen Stellen sowie an Einmündungen und Kreuzungen, sofern der vorgeschriebene Mindestabstand von fünf Metern nicht eingehalten ist.

Gerücht: Auf der Autobahn gilt das Rechtsfahrgebot, und zwar immer.

Wahrheit: Auf dreispurigen Autobahnen ist es durchaus erlaubt, durchgängig auf der Mittelspur zu fahren, sofern »die Verkehrsdichte das rechtfertigt«, wie es wörtlich heißt. Das bedeutet: Wenn hin und wieder rechts ein Fahrzeug fährt und man den Verkehr nicht behindert, ist es okay. Eine genauere Definition von »hin und wieder« oder »Verkehrsdichte« existiert allerdings nicht und bleibt daher Ermessenssache.

Quellen: Express.de, Kölner Stadtanzeiger

Max, der Checker

Markus

Eine gewisse Coolness kann beim Autofahren sehr hilfreich sein, im Einzelfall. Aber mit Coolness ist es wie mit den meisten Dingen: Zu viel davon bewirkt genau das Gegenteil, vor allem, wenn dann auch noch Mama ins Spiel kommt.

Max ist einer von den ganz Coolen. Siebzehn, hellblond, strahlend blaue Augen, ein Superbody, angesagte Klamotten, immer die neueste Technik am Mann und einen lässigen Spruch auf den Lippen. In den Theoriestunden schwirren die Mädels um ihn herum wie die Motten ums Licht, und während der praktischen Ausbildung hört sein Handy an manchen Tagen überhaupt nicht mehr auf zu klingeln.

»Gib es zu, du hast vorher schon heimlich geübt«, sage ich in der ersten Fahrstunde zu ihm, als er auf dem Siemens-Parkplatz ohne Probleme anfährt und nach wenigen Metern in den zweiten Gang schaltet, als hätte er nie etwas anderes getan.

Ein breites Grinsen überzieht sein Gesicht, und er zuckt die Schultern. »Möglich«, nuschelt er.

Echte Naturtalente sind wirklich sehr selten, daher kann man in aller Regel davon ausgehen, dass jemand, der sich in der ersten Fahrstunde besonders gut anstellt, schon einmal schwarzgefahren ist. Das ist bei ungefähr dreißig Prozent meiner Schüler der Fall, und auch wenn sie dadurch am Anfang einen kleinen Vorteil haben, spätestens im Straßenverkehr trennt sich dann die Spreu vom Weizen, und es zeigt sich, wer besonders schwer von Begriff ist oder wer eher flott dazulernt.

Die meisten jungen Leute haben heutzutage Probleme mit der Motorik und tun sich schwer, zwei oder mehr Dinge gleichzeitig auszuführen (von wegen Multitasking!). Da man beim Anfahren nicht nur Hände und Füße unterschiedlich bewegen, sondern auch noch den Kopf drehen und dabei denken muss, sind sie erst mal total überfordert. Daher beginnt man mit der Ausbildung ja auch nicht gleich auf der Straße, wo andere Verkehrsteilnehmer gefährdet werden könnten, sondern auf einem Parkplatz mit genügend Raum zum Ausweichen, Rangieren und Üben. Denn Übung ist die einzig wirksame Methode auf dem Weg zum Erfolg. Die einzelnen Abläufe müssen so lange trainiert werden, bis sie unbewusst ablaufen.

Als Fahrlehrer ist da viel Geduld angesagt, vor allem bei jenen Kandidaten, die sich besonders schwer tun und selbst beim siebzigsten Gangwechsel noch runterschauen müssen, ob es nun der dritte oder der fünfte ist, oder beim Schulterblick jedes Mal automatisch nach links lenken. Manche Menschen brauchen lange, bis sie das, was sie in der Theorie verstanden haben, auch praktisch umsetzen können, und allzu oft haben sie es von einer Fahrstunde bis zur nächsten schon wieder vergessen. Daher ist es gerade am Anfang sinnvoll, nicht nur eine Fahrstunde pro Woche zu nehmen, sondern gleich drei oder vier. Nicht umsonst gibt es in unserer Fahrschule Doppelstunden, so haben die Schüler mehr Zeit, am Stück zu üben, und kommen besser voran.

Max zählt eher zu den Schnellen, unabhängig davon, ob er vorher schon mal gefahren ist. Er hat ein gutes Gefühl für die Kupplung und die Bewegungsabläufe bald verinnerlicht.

»Na, dann lassen wir den Parkplatz mal hinter uns und fahren zur Fahrschule zurück«, sage ich nach einer guten Stunde, in der mein Schüler mir hinreichend bewiesen hat, dass er mit dem Schleifpunkt der Kupplung spielen kann.

»Hey, ist ja cool!« Max strahlt übers ganze Gesicht.

Kaum kommen jedoch Verkehrsbeachtung, Fußgänger und Gegenverkehr hinzu, ist es wie bei fast allen Anfängern vorbei mit seiner Lässigkeit. Hektische rote Flecken machen sich auf seinen Wangen breit, und er beißt sich so heftig auf die Unterlippe, dass sie blutet, während er versucht, die Kontrolle zu behalten.

»Blinken nicht vergessen vorm Ausfahren auf die Straße«, erinnere ich ihn. »Und lass die Radfahrerin am Leben.« Ich deute nach rechts, wo eine etwa Zwanzigjährige unbekümmert auf uns zuradelt – zwar auf dem Fahrradweg, aber auf der falschen Seite der Straße.

»Wieso fährt die Kuh falsch rum?«, blafft Max und lässt vor Aufregung die Kupplung schnalzen, als die Radfahrerin vorbei ist. Motor abgesoffen. Das passiert sogar den Coolsten.

»Nur langsam, die Lücke im Verkehr war sowieso ziemlich knapp. Wir sind kein Eilkurier, lass dir ruhig Zeit.« Ich drehe für ihn den Schlüssel einmal zurück und wieder vor, damit er noch mal starten kann.

»Boah, ganz schön stressig«, stellt er fest.

Einmal eingefädelt, kehrt die Souveränität vom Übungsplatz jedoch bald zurück, und mein Schüler fährt ruhig und besonnen. Manchmal sind wir noch ein bisschen langsamer als die anderen, aber mit der Zeit bekommt er auch ein Gefühl für die Geschwindigkeit und bringt uns sicher zur Fahrschule zurück.

»Das hast du gut gemacht«, lobe ich ihn bei der Schlussbesprechung. »Du hast wirklich Feingefühl.«

»Hast du was anderes erwartet?«, fragt er frech.

Für heute verkneife ich mir eine Antwort und scheuche ihn vom Fahrersitz.

Einen weiteren Beweis für sein Feingefühl gibt mir Max etwa in der zehnten Fahrstunde, als wir an der Ampel stehen. Wir wollen rechts abbiegen und warten auf Grün. Ein kurzer Blick auf die Gangschaltung zeigt mir, dass er noch immer den dritten Gang drin und vergessen hat, in den ersten zu schalten. Ich sage absichtlich nichts und bin gespannt, ob er es beim Anfahren merkt.

Die Ampel springt um, Max lässt die Kupplung vorsichtig kommen, gibt Gas, gibt ein bisschen mehr Gas, guckt verwundert, weil es so komisch röhrt, und fährt allen Ernstes im dritten Gang los. Der Wagen ruckelt anfangs zwar ein wenig und kommt nur schwer auf Touren, aber er würgt ihn nicht ab. Unser Hintermann wartet geduldig, bis wir in die Puschen kommen.

»Ey, Alder, is der Motor kaputt, oder was?«, fragt mein Schüler. »Die Karre zieht gar nicht.«

»Versuch's beim nächsten Mal einfach mit dem ersten Gang, dann kommen wir auch vom Fleck.«

»Ach so«, meint er nur und fährt unbeirrt weiter.

Da es kurz vor fünf am Nachmittag ist, geraten wir in den Berufsverkehr. Auf der Einsteinstraße geht es lediglich im Schritttempo voran. Viel üben können wir da nicht, außer Anfahren – aber das will eben auch gelernt sein.

»Morgen mach ich übrigens Theorie«, eröffnet mir Max, als er den Wagen am Ende der Stunde halbwegs gerade in die riesige Parklücke vor der Fahrschule manövriert hat.

»Sportlich«, sage ich nur.

Ich ernte einen verständnislosen Blick. »Wieso? Ich bin ein Checker, Alder!«

»Ach so.« Gut zu wissen, denke ich. »Hast du denn schon alle Pflichtstunden absolviert?«

»Logisch, Alder!«

Sollte ich etwas zu dem ›Alder‹ sagen? Ach nee, lieber nicht. Sonst heißt es noch, ich sei eitel.

»Und, haste gelernt?«

Er winkt ab. »Wozu? Ich hab keine Zeit für so was. Ich muss Party machen. Girls aufreißen und so, du weißt schon …«

»Na, dann wollen wir mal hoffen, dass du es wirklich im Griff hast. Ich wünsch dir viel Glück, wir sehen uns dann morgen wieder. Gleiche Zeit, gleicher Ort.«

Als mir Max am nächsten Tag entgegenkommt, macht er einen ziemlich geknickten Eindruck. Ich weiß schon von unserer Bürokraft, dass er die theoretische Prüfung nicht bestanden hat, doch ich will noch mal von ihm selbst hören, was genau schiefgelaufen ist.

»Na, du Checker«, begrüße ich ihn mit einem Klaps auf den Oberarm. »Wie isses gelaufen?«

Mr. Coolman schießen doch tatsächlich die Tränen in die Augen.

»Sind das Freudentränen?«, frage ich unschuldig. Normalerweise mache ich mich über meine Schüler nicht lustig und bin mit ihnen gemeinsam traurig, wenn sie durch die Prüfung rasseln. Aber bei einer solchen Steilvorlage kann ich einfach nicht widerstehen.

Max schüttelt den Kopf. »Nee, vierzig Fehler«, sagt er bloß. Es klingt alles andere als cool.

Ich pfeife durch die Zähne. »Vierzig Fehler? Tja, Alter, die Theorieprüfung ist halt kein Game auf der Playstation.« Offenbar hat er die ganze Nummer ein bisschen zu sehr auf die leichte Schulter genommen. Und prompt die Quittung dafür bekommen.

»Der Typ neben mir hat mich total nervös gemacht, der ist schuld«, versucht er sich rauszureden. »Mann, jetzt muss ich noch mal Kohle lassen, dabei bin ich eh so gut wie blank.«

Aufmunternd klopfe ich ihm auf die Schulter. »Lass den Kopf nicht hängen. Beim nächsten Mal lernst du vorher, dann klappt's. Bist doch ein schlaues Bürschchen. So, und jetzt fahren wir los, bevor wir die halbe Fahrstunde mit Jammern vergeudet haben.«

Knapp eine Woche später beginnt mein Arbeitstag erneut mit Max. Ich bin gespannt, ob er sich blicken lässt, denn früh aufstehen ist eher nicht so sein Ding, wie er mir neulich erst erklärt hat. Schon gar nicht in den Sommerferien. Daraufhin hab ich ihm dargelegt, dass es ziemlich teuer für ihn wird, wenn er ausschläft, obwohl wir verabredet sind. Fahrstunden, die nicht spätestens vierundzwanzig Stunden vorher abgesagt werden, müssen nämlich voll bezahlt werden. Da macht unser Chef keine Ausnahme. Auch nicht für an chronischem Geldmangel leidende Teenies. Ich bin immer wieder überrascht, wie viele Leute nicht zu den Fahrstunden erscheinen und die Stornogebühr, immerhin den vollen Preis, ohne mit der Wimper zu zucken zahlen. Geld scheint bei den meisten kein Problem zu sein, Verbindlichkeit, Zuverlässigkeit und Pünktlichkeit dagegen schon.

Aber das gilt nicht für Max. Die Stunden mit dem Abiturienten sind immer lustig, und ich freue mich darüber, dass er so schnell Fortschritte macht. Wenn er zwischendurch mal nicht den dicken Macker mimt, hat er richtig Spaß am Fahren, denn er lernt schnell und kann meine Anweisungen meist auf Anhieb umsetzen. Manchmal ist er dabei so konzentriert, dass er völlig vergisst, cool zu sein. Das sind die schönsten Momente mit ihm, weil sich dann zeigt, was für ein wirklich feiner und sympathischer Kerl Max ist, fernab von seinem Gepose. Dieses Gehabe hat er gar nicht nötig – aber wer weiß, was er damit kompensiert. Dass er vor den Mädels in seiner Klasse den Superchecker markieren muss, kann ich ja noch verstehen, aber vor mir?

Ich stehe vor der Fahrschule und trinke noch schnell einen Kaffee, bevor mein Arbeitstag beginnt, als der blonde Schlaks wie üblich in seinem lässigen Schlendergang auf mich zukommt.

»Guten Morgen, Max«, begrüße ich ihn. »Du bist ja sogar pünktlich. Sind gestern alle Partys in München ausgefallen, oder was ist los?«

»Hey, Markus, was geht?«, sagt er und schlägt ein. »Ich hab heut früh zufällig den Wecker gehört. Liegt an meinem neuen Handy. Voll fett, das Teil. Das kann alles!«

Ich puste in meinen heißen Kaffee. »Offensichtlich, sonst wärst du jetzt nicht hier.«

Er fängt an, mir die Vorzüge seines jüngsten Schätzchens aufzuzählen und mir sämtliche Features und Apps zu zeigen, die er gestern gleich installiert hat. Würde ich ihn nicht unterbrechen, würde er mich glatt die kompletten neunzig Minuten volllabern. Bevor er den Motor anlässt, legt er das Ding vorsichtig, als wäre es ein Rohdiamant, auf dem Armaturenbrett in die Ablage.

Heute steht eine Überlandfahrstunde auf dem Plan, und so lotse ich meinen Schüler bei strahlendem Sonnenschein auf dem kürzesten Weg aus der Stadt hinaus. Wir kommen zügig durch, und er fährt wie immer flüssig und sicher. Nachdem wir in Haar noch schnell getankt haben, geht es weiter in Richtung Südwesten.

»Du hast eine neue Nachricht«, ertönt plötzlich eine verführerische Frauenstimme vom Armaturenbrett.

Ich werfe Max einen tadelnden Blick zu und räuspere mich. Eigentlich haben wir ein Agreement, das da lautet: Handy aus während der Fahrstunde. Er hat ein einziges Mal Anstalten gemacht zu telefonieren, als er mit mir unterwegs war, danach hat er es nie wieder versucht. Meine Standpauke war auch eindeutig.

Er zuckt entschuldigend mit den Schultern und grinst mich an, als hätte ich ihn beim heimlichen Blick durch ein Schlüsselloch ertappt. »Ey, Alder, das ist total cool! Sprachsteuerung. Was Besseres gibt's nicht. Willste mal hören? Ich muss nicht mal die

Hände vom Lenker nehmen dafür.« Mit dem Dackelblick, den er nun aufsetzt, würde er glatt den Wettbewerb für den süßesten Hund des Jahres gewinnen.

Die Straße vor uns ist leer, wir cruisen mit siebzig Sachen zwischen Putzbrunn und Hohenbrunn auf der B 471, Max hat das Auto im Griff, und Telefonieren mit Sprachsteuerung ist grundsätzlich beim Fahren erlaubt, genau wie bei einer Freisprechanlage. Eigentlich gibt es nichts dagegen einzuwenden. »Also gut«, willige ich ein.

»Lies SMS«, sagt Max, stolz wie Bolle.

»Du hast eine Nachricht von Philipp: Ey, Alder, echt krasse Party gestern. Lass mal phonen später. Ze-u Sam«, ertönt die leicht blecherne Computerstimme.

»Ist das nicht fett?«, fragt mich mein Schüler.

»Total fett. Aber wer ist Ze-u?«, will ich wissen. »Im nächsten Kreisverkehr nehmen wir übrigens die dritte Ausfahrt.«

»Na ja«, gibt Max nicht mehr ganz so stolz zu, »manche Features klappen noch nicht ganz. Das soll ›see you‹ heißen.«

Ich brauche einen Moment, bis mir dämmert, dass er damit das SMS-Kürzel »CU« meint.

»Antworten oder beenden?«, mischt sich die Computerstimme in unser Gespräch ein.

»Beenden«, sage ich, bevor Max reagieren kann. »So, jetzt konzentrieren wir uns wieder aufs Fahren. Wie wär's, wenn du nicht ganz so nah an den rechten Fahrbahnrand abdriftest? Das Auto war heute früh in der Waschanlage und muss nicht gleich in der ersten Stunde durch den Matsch gezogen werden.«

»Okay, ich geb mir Mühe.«

Tatsächlich hält Max den Wagen gut in der Spur

und setzt bei einem Traktor, der wie vorgeschrieben mit gemütlichen vierzig Stundenkilometern vor uns hertuckert, zu einem Überholmanöver wie aus dem Lehrbuch an.

»Gut gemacht«, lobe ich ihn. »Wir fahren dann weiter Richtung Aying.« Ich will herausfinden, ob er mitdenken kann. Bis zur Abzweigung müssen wir nämlich zwei Kreisverkehre passieren, in denen er sich ohne meine Hilfe anhand der Schilder orientieren soll.

In der praktischen Prüfung kann es auch passieren, dass er eine solche Anweisung bekommt oder der Prüfer nach dem Motto »Wenn ich nichts sage, meine ich geradeaus« vorgeht und abwartet, ob der Kandidat im Kreisverkehr tatsächlich die gegenüberliegende Ausfahrt nimmt.

Das mit dem Geradeaus ist allerdings so eine Sache. Ich hatte mal eine Schülerin, die in einer Sackgasse glatt gegen eine Mauer gefahren wäre. Als ich in letzter Sekunde auf die Bremse stieg und sie fragte, was das solle, antwortete sie doch glatt: »Du hast mir doch selbst erklärt, es geht immer geradeaus, wenn du nichts sagst!«

Max fährt ziemlich zügig in den Kreisverkehr ein, was okay ist, da kein anderes Fahrzeug kommt und er geschaut hat, ob die Straße frei ist. Allerdings war er damit so beschäftigt, dass er nicht auf das große gelbe Schild geachtet hat. Ich merke, wie er unsicher und immer langsamer wird und schließlich an der richtigen Ausfahrt vorbeirollt. Irgendwann sind wir wieder am Ausgangspunkt angelangt.

»Drehen wir jetzt 'ne Extrarunde, weil's so schön war, oder was gibt das hier?«, ziehe ich ihn auf.

»Ey, du hast mir nicht gesagt, wo ich rausfahren

soll«, beschwert er sich, während wir weiter im Kreisel festhängen.

Da nicht viel los ist und wir niemanden behindern, gönne ich uns den Spaß. »Doch, hab ich. Allerdings anders als sonst. Hast mir wohl nicht zugehört, hm?«

»Stimmt gar nicht«, empört er sich. »Mann, Markus, jetzt sag mir endlich, wo ich hinfahren soll!«

»He, werd nicht frech, sonst lass ich dich hier so lange rumkurven, bis es links abgeht.«

Damit ist Max vollends verwirrt. »Hä? Das geht doch gar nicht.«

»Eben drum, du Schlauberger.« Wir sind mittlerweile in der dritten Runde, und ich finde, mein Schüler hat genug gelitten. Außerdem wird mir schlecht, wenn das noch länger in dem Tempo im Kreis geht. Daher sage ich: »Wir wollen nach Aying, das ist die übernächste Ausfahrt.«

»Danke, Mann«, erwidert er und setzt den Blinker.

Wir sind gerade abgebogen, da ertönt noch einmal die Computerstimme. »Du hast eine neue Nachricht«, sagt sie.

Wieder schaut Max mich fragend und bittend zugleich an, wieder lasse ich mich erweichen, allerdings nicht ohne klarzustellen: »Das ist aber das letzte Mal für heute. Wir sind hier, damit du Autofahren lernst, und nicht, um mir dein neues Handy vorzuführen.«

»Geht klar, Alder«, erwidert er und fügt in Richtung Armaturenbrett hinzu: »Lies SMS.«

»Du hast eine Nachricht von Mamutschka«, lässt die Stimme völlig emotionslos verlauten.

Bei Max dagegen schlagen die Gefühle Purzelbäume. »Scheiße!«, ruft er und verreißt das Steuer, als er mit der rechten Hand nach dem Handy greifen will.

Warum er dem Telefon nicht einfach per Sprachbefehl den Mund verbietet, kann ich nicht sagen. Offenbar kommt er vor lauter Panik nicht auf die Idee.

»He, immer schön nach vorne schauen und beide Hände am Lenkrad lassen«, sage ich und steuere den Wagen wieder in die Straßenmitte. »Den Bordstein zu touchieren ist echt uncool.«

Ich kann mir ein Grinsen nicht verkneifen, als die Nachricht in voller Lautstärke durchs Wageninnere hallt: »Hallo Mäxelchen, mein Schatz, ich räume gerade dein Zimmer auf und würde gerne wissen, wo du deine Unterhose hingeworfen hast. Ich finde sie nicht und will waschen. Ruf doch mal kurz zurück!«

Während ich mir die Lippe blutig beiße, um nicht in schallendes Gelächter auszubrechen, wechselt die Gesichtsfarbe meines Fahrschülers von Zartrosa nach Dunkellila. Selbst seine Haarspitzen scheinen zu glühen, als er mit zittriger Stimme sagt: »Ausschalten.«

Die nächsten Minuten fahren wir schweigend, bis auf meine Anweisungen, und ich tue dem armen Kerl den Gefallen, die mehr als uncoole Situation unkommentiert zu lassen.

Als wir zwanzig Minuten später in der Fahrschule ankommen, springt Max aus dem Auto und stürmt grußlos davon. Meine Kollegen, die vor dem Eingang stehen und auf ihre nächsten Fahrschüler warten, starren ihm verwundert nach. Normalerweise bleibt Max immer noch ein bisschen da, um mit uns zu quatschen und den coolen Checker zu markieren.

»Was hast du denn mit dem gemacht?«, fragt Sigi. »Der stürmt ja davon wie vom Affen gebissen.«

Ich winke ab. »Ach, nichts weiter. Wir hatten unterwegs bloß eine Begegnung der dritten Art mit seinem Handy.« Mehr verrate ich nicht, schließlich will ich Max die schadenfrohen Bemerkungen ersparen, mit denen meine Kollegen ihn beim nächsten Mal ganz sicher überhäufen würden.

Es war übrigens meine letzte Begegnung mit dem echt krassen Handy von Max, denn er sollte es bis zur Prüfungsfahrt kein einziges Mal mehr aus der Tasche ziehen.

Tipp! Promille

Für alle, die sich nicht sicher sind, ob sie nach einem geselligen Kneipenabend noch fahren können: Auf der Website vom TÜV-Süd kann man einen Promillerechner als App fürs iPhone herunterladen. Man kann damit nicht nur den Alkoholgehalt im Blut berechnen, sondern erfährt auch, wie lange es dauert, bis der Körper den Alkohol wieder abgebaut hat.

info

Kuriose Fahrprüfungen

Fahren ohne Führerschein

Ein Fahrschüler gerät während der Prüfungsfahrt in eine Verkehrskontrolle. Der Polizist winkt ihn mit der Kelle auf einen Parkstreifen, tritt ans Fenster und sagt: »Grüß Gott, Routinekontrolle, Führerschein und Fahrzeugpapiere bitte.«

»Tut mir leid«, erwidert der Prüfling gelassen, »aber meinen Führerschein hat momentan noch der Herr auf der Rückbank.«

Verdattert schaut der Polizist in den Wagen und merkt erst jetzt, dass er eine Prüfungsfahrt unterbrochen hat. Er entschuldigt sich und wünscht dem Fahrer viel Glück.

Easy going ... oder vielmehr standing

Ausgerechnet: Ein Unfall auf der A 8 in der Nähe von München, und das nur fünf Minuten nach Beginn der Führerscheinprüfung. Im Schritttempo schiebt sich die Kolonne vorwärts bis zur nächsten Ausfahrt, was ganze fünfzig Minuten dauert. Auf dem schnellsten Weg geht's von dort zurück zur Fahrschule, weil der Prüfer anschließend einen wichtigen Termin hat und dringend weg muss. Den Führerschein gibt's fürs mustergültige Stop-and-go-Fahren natürlich trotzdem.

Kreatives Wendemanöver

»Bei der nächsten Möglichkeit bitte wenden«, lautet die Anweisung des Prüfers an die Fahrschülerin in der Seitenstraße eines Wohngebiets in München. Eine der typischen Grundfahraufgaben in der Führerscheinklasse B.

Der jungen Frau, die bereits gut zwei Drittel der Führerscheinprüfung nahezu fehlerlos hinter sich gebracht hat, bricht der kalte Schweiß aus. Statt wie gewünscht an Ort und Stelle in drei Zügen zu wenden, was ihr noch jedes Mal große Probleme bereitet hat, steuert sie den Wagen einfach auf die nächste Hauptstraße, wo sich nach hundert Metern ein Kreisverkehr befindet. Sie fährt einmal ganz rum und kehrt dieselbe Strecke wieder zurück bis in die Seitenstraße und fragt: »Passt das so?«

Der von der Aktion völlig verblüffte Prüfer nickt. »Das nenn ich kreativ«, sagt er dann und lässt die Schülerin tatsächlich davonkommen.

Prüfung bestanden trotz Totalausfall

Mitten in der Prüfungsfahrt, beim Auffahren auf die Autobahn, sprüht es plötzlich Funken, und der Generator ist im Eimer. Souverän fährt der Fahrschüler, statt einzufädeln, einfach auf den Standstreifen und schaltet die Warnblinkanlage ein. Per Funk verständigt der Fahrlehrer den ADAC und ordert bei seinem Kollegen ein Ersatzfahrzeug. Bis das eintrifft, vergeht mehr als eine halbe Stunde, und der Prüfling muss lediglich auf dem schnellsten Weg zurück zur Fahrschule fahren, wo schon der nächste Kandidat wartet. Glück gehabt!

Isch 'abe gar keine Fuhrerschein!

Sigi

»Bevor wir auf die Autobahn fahren, üben wir mal ein paar technische Abläufe für die Abfahrtkontrolle. Die musst du bis zur Prüfung schließlich auch draufhaben«, kündige ich meinem italienischen Lkw-Fahrschüler Salvatore das heutige Programm an.

»Isch binne bereite, alles pronto«, sagt er gutgelaunt wie eh und je. Er streicht die gegelten schwarzen Haare nach hinten und tut so, als würde er sich die Ärmel hochkrempeln.

Salvatore hat ein sonniges Gemüt, und die Stunden mit ihm sind immer sehr lustig. Außerdem stellt er sich beim Fahren gar nicht so schlecht an, und ich bin zuversichtlich, dass ich ihn, sobald er alle Sonderfahrten absolviert hat, zur Prüfung anmelden kann.

»Also, es gibt zehn verschiedene Karten mit mehreren Aufgaben aus sechs Sachgebieten«, beginne ich zu erklären.

»Was musse isch da macke?«

»Zum Beispiel die Bremsen überprüfen oder beschreiben, wie man das Reserverad sichert oder den Reifenzustand und das Profil kontrolliert.«

»Ahh, tutto bene, das klingte nickt schwer«, sagt er siegessicher.

Das haben schon andere vor ihm gedacht – und sind mit Pauken und Trompeten durchgefallen. Die Abfahrtkontrolle ist ein wichtiger Bestandteil der Lkw-Prüfung, immerhin geht es dabei um die Verkehrssicherheit des Fahrzeugs. Deshalb ackert der Fahrlehrer sie mit seinem Schüler auch während der Ausbildung immer und immer wieder durch.

»Nimm das ja nicht auf die leichte Schulter, Salvatore«, warne ich ihn. »Du kannst noch so gut fahren, wenn du bei der Abfahrtkontrolle patzt, gehst du ohne Führerschein nach Hause.«

Er lacht. »Naturalmente, Chef. Gehte jetzt los?«

»Jawoll. Als Erstes überprüfst du bitte mal die Druckluft am rechten Vorderreifen«, weise ich ihn an.

In der Erwartung, dass er den Druckmesser holt und loslegt, stelle ich mich etwa zwei Meter neben den Lkw und warte ab. Zu meiner grenzenlosen Überraschung schnappt sich Salvatore jedoch den Werkzeugkasten und zieht den Hammer hervor.

»Was willst du denn damit?« Meine Verwunderung kann ich kaum verbergen.

»Na, uberprufe die Lufte!« Er bemerkt meinen kritischen Blick und fügt hinzu: »In Italia wir macke das so.«

Er kniet sich hin, holt aus und haut mit dem Hammer gegen den Reifen. Noch ehe ich eingreifen kann, prallt das Werkzeug von dem perfekt aufgepumpten Reifen zurück und trifft den Italiener am Kopf. Er fällt um wie ein Stein und liegt im Sand.

Ich stürze zu ihm und rüttele ihn an der Schulter. Nichts.

»Salvatore«, rufe ich, »Salvatore!«

Ein leises Stöhnen. Immerhin.

Ich springe in die Fahrerkabine, schnappe mir meine Sprudelflasche und schütte ihm Wasser ins Gesicht.

Prustend schüttelt er sich, schaut sich verwirrt um und reibt sich die Riesenbeule an der Schläfe.

Die Erleichterung strömt durch meinen Körper. »Junge, was machst du denn für einen Quatsch?«, blaffe ich ihn an. »Du solltest die Druckluft prüfen und dich nicht schachmatt setzen!«

»Isch nix wisse, dass die Ding so schlage zuruck.« Er ist noch immer ein wenig benommen und versucht schwankend aufzustehen. Seine allzeit perfekte Gelfrisur ist ein bisschen durcheinandergeraten, aber er scheint gerade andere Probleme zu haben, denn ausnahmsweise achtet er mal nicht darauf, ob die Haare ordentlich liegen.

»Bleib sitzen und nimm erst mal ’nen Schluck«, sage ich und halte ihm den Rest von meinem Wasser hin.

»Grazie.« Er trinkt es in einem Zug leer.

Nachdem er sich wieder gefangen hat, steigen wir ein und setzen die Fahrstunde fort.

»In der Prüfung machst du mir das aber nicht«, sage ich mit einem warnenden Seitenblick.

Salvatore grinst. »Ma no, da isch lasse etwas anderes einfalle.«

»Mach das mal«, entgegne ich im Scherz. Wie könnte ich auch ahnen, dass er sich tatsächlich noch Dinge einfallen lassen wird, die mich komplett aus der Fassung bringen?

Und dabei meine ich jetzt nicht seine diversen skurrilen, jedoch vergleichsweise harmlosen Slapstickeinlagen, mit denen Salvatore regelmäßig zu meiner Unterhaltung beiträgt. So wie neulich, als ich ihm den

Schlüssel für den Lastzug in die Hand drückte und ihn vorausschickte.

»Setz dich schon mal rein und stell die Spiegel ein. Ich muss nur noch schnell wohin und komme gleich nach«, sagte ich und hastete noch mal zurück ins Fahrschulgebäude.

Salvatore nickte nur und marschierte, dynamisch wie eh und je, in Richtung Lastzug.

Als ich wieder herauskam, beobachtete ich aus der Ferne, wie er den Schlüssel im Schloss vor und zurück drehte und an der Tür zur Fahrerkabine rüttelte. Ich konnte sehen, wie er dabei die ganze Zeit vor sich hin brabbelte und Selbstgespräche führte. Ratlos rieb er sich am Kinn, dann zog er den Schlüssel ab, steckte ihn erneut ins Schloss und wiederholte die ganze Prozedur noch einmal. Und noch einmal. Und noch ein drittes und viertes Mal. So lange, bis ich mir vorkam wie bei *Und täglich grüßt das Murmeltier*: Salvatore in der Zeitschleife mit einem dauerblinkenden Lkw.

»He, was gibt das, wenn's fertig ist?«, rief ich ihm zu und schlenderte zu ihm hinüber.

»Keine Ahnung, die Tur iste kaputte«, berichtete er aufgeregt und fuchtelte mit dem Schlüssel in der Luft herum.

»Ich glaube, du bist eher zu schnell für das arme Schloss«, erklärte ich lachend. »Du musst den Schlüssel nach links drehen und kurz warten. Wenn du ihn hin und her bewegst, sperrst du das entriegelte Schloss nämlich gleich wieder zu. Deshalb blinkt der arme Kerl hier auch die ganze Zeit wie ein Weihnachtsbaum.«

»Madonna, bin isch eine cretino!«

Die Fahrstunde konnten wir abhaken, denn der

arme Kerl kam die gesamten neunzig Minuten nicht über seinen peinlichen Lapsus hinweg.

Die heutige Autobahnfahrt dagegen verläuft ohne weitere Zwischenfälle. Souverän steuert der Italiener den Lkw über die A8, ich lasse ihn mehrmals auf- und abfahren, um das Beschleunigen und Abbremsen zu üben. Es klappt fast perfekt.

»Wenn du jetzt noch den fließenden Verkehr besser beobachtest, kurz bevor du den Beschleunigungsstreifen erreichst, hat der Prüfer nicht das Geringste zu meckern«, lobe ich ihn, als er auch beim dritten Mal sauber hochschaltet, ohne dass wir an Geschwindigkeit verlieren.

Für heute bin ich zufrieden, von der Story mit dem Reifendruck mal abgesehen, aber Salvatore wäre nicht Salvatore, wenn er nicht ständig solche Hämmer (im wahrsten Sinne des Wortes!) bringen würde. Na ja, die Beule an seiner Schläfe wird ihn sicher noch ein paar Tage an die Aktion erinnern.

Vierzehn Tage später, als die praktische Prüfung ansteht, ist von der Beule nichts mehr zu sehen. Salvatore hat zur Feier des Tages extra ein weißes Hemd angezogen und sich frisch rasiert. Mit Dreitagebart sieht er echt fast aus wie ein Schwerverbrecher, daher war dies sicher ein weiser Entschluss. Selbstbewusst begrüßt er mich und den Prüfer, ehe wir gemeinsam mit meinem Wagen in die Heinrich-Wieland-Straße fahren, wo der Lastzug abgestellt ist.

Die Prüfung beginnt, wie immer beim Lkw, mit der Abfahrtkontrolle, und Salvatore bekommt die Karte Nummer eins, was bedeutet, dass er unter anderem eine sogenannte Sichtprüfung von Kühler und Kühlleitung durchführen und den Kühlflüssigkeitsstand kontrollieren muss.

Gut gelaunt schlendert er nach vorne zur Wartungsklappe, zieht sie ein Stück auf und sagt mit breitem Lächeln: »Allora, 'ier iste eine Schieber, die isch drucke zur Seite, um zu offne die Ding.«

Er drückt und zieht…

…und nichts passiert.

Sein Lächeln erstirbt. Er drückt noch einmal und zerrt mit der rechten Hand an der Klappe herum. Wieder nichts.

»*Eigentlick* musse das 'ier jetz aufgehe.« Salvatores Stimme klingt auf einmal sehr angespannt, und er wirft mir einen hilfesuchenden Blick zu.

Da ich nichts sagen darf, nicke ich ihm nur aufmunternd zu, während der Prüfer uns beide nicht aus den Augen lässt.

Erneut rüttelt und ruckelt mein Schüler an der Klappe, ohne dass sie sich öffnen lässt. Ein leiser italienischer Fluch kommt ihm über die Lippen, und als er es merkt, sagt er: »Scusi, signori, aber die Klappe musse sein kaputte. Wie kanne das sein, Sigi, eh?« Wieder ein Blick in meine Richtung, der einen Stein glatt zum Erweichen bringen würde.

»Jetzt schauen Sie den Herrn Roth nicht immer so an, der darf Ihnen sowieso nicht helfen«, sagt der Prüfer.

Der arme Salvatore, inzwischen schweißgebadet, tut mir aufrichtig leid, daher wage ich zu fragen: »Sollen wir ihm nicht einen kleinen Tipp geben?«

»Ach, Herr Roth«, lautet die Antwort, »jetzt gönnen Sie mir doch den Spaß!« Damit wendet sich der Prüfer mit einem Lächeln meinem Fahrschüler zu und verschränkt abwartend die Arme vor der Brust.

Nach dem siebten Versuch packt ihn offenbar endlich das Mitleid, und er meint: »Guter Mann, haben Sie vielleicht etwas vergessen, das man tun sollte, bevor man die Wartungsklappe öffnet?«

Der Italiener stutzt und denkt angestrengt nach. Dann grinst er breit und ruft: »Naturalmente, isch Idiota! Isch musse zuerste entriegele die Ding!« Damit erklimmt er das Fahrerhaus und zieht den Hebel auf der linken Seite des Fußraums.

Diesmal bekommt er die Klappe (oh Wunder der Technik!) auf Anhieb auf und führt die Kontrolle durch. Leider vergisst er vor lauter Freude über sein Erfolgserlebnis zu erklären, wie man den Kühlflüssigkeitsstand überprüft, weshalb die Aufgabe als nicht vollständig gelöst gilt.

Beim nächsten Punkt, der Überprüfung von Warnleuchte, Warndreieck und Warnweste, denkt er zwar daran, die Klappe gleich neben der Fahrertür vorab zu entriegeln, dennoch patzt er auch hier. Er bekommt die Leuchte auf Anhieb an, kann aber nicht erklären, woran man erkennt, dass diese für Lkw zugelassen ist. Dabei ist die aufgedruckte Zulassungskennzeichnung nicht zu übersehen, und ich weiß genau, dass ich ihn auf diese Frage vorbereitet habe.

Damit gilt dieser Prüfungsteil als nicht bestanden, da Salvatore gleich zwei Aufgaben von seiner Karte nicht fehlerfrei bearbeitet hat. Abgebrochen wird die Prüfung an dieser Stelle jedoch nicht, da die einzelnen Prüfungsteile getrennt voneinander bewertet werden. Wenn er also die Fahrt inklusive der Grundfahraufgaben fehlerfrei absolviert, muss er im nächsten

Anlauf lediglich die Abfahrtkontrolle wiederholen und nicht noch mal fahren.

Als ihm der Prüfer die Hiobsbotschaft mitteilt, wendet sich der Italiener mit versteinerter Miene ab und schleicht mit eingezogenem Kopf von dannen. Er tut mir aufrichtig leid, ich weiß, wie knapp er bei Kasse ist. Aber es hilft nichts. Meine Fahrschüler sollen die Prüfung nicht mit Glück bestehen, sondern erst, wenn ich sie guten Gewissens auf andere Verkehrsteilnehmer loslassen kann und sie sich sicher und souverän im Straßenverkehr bewegen. Schließlich will ich auch weiterhin nachts ruhig schlafen können.

In den zwei Wochen bis zur zweiten Prüfung hat sich Salvatores gute Laune in Luft aufgelöst. Man merkt ihm deutlich an, dass er unter Druck steht und beim nächsten Versuch um jeden Preis bestehen will. Da Salvatore die Klasse CE, also Lkw mit Anhänger, macht, darf er seine Fahrkünste doch noch mal unter Beweis stellen. Bisher hat er nur die Fahrprüfung der Klasse C bestanden und muss daher zusätzlich zur erneuten Abfahrtkontrolle auch noch einmal mit Anhänger fahren, inklusive An- oder Abkuppeln.

Und was passiert? Es ist wie verhext, plötzlich macht er einen Anfängerfehler nach dem nächsten. Einmal holt er beim Rechtsabbiegen nicht weit genug aus, damit auch der Anhänger noch um die Kurve passt, und muss mitten im dichten Verkehr rangieren. Ein anderes Mal wäre er glatt durch eine zu niedrige Unterführung gefahren. Die beiden Warnschilder hat er offenbar übersehen, und wenn ich ihn nicht eine Querstraße vorher umgeleitet hätte, wären wir stecken geblieben.

Anfangs weise ich meine Lkw-Schüler vor Brücken und Tunnels noch darauf hin und erkläre ihnen, worauf sie achten müssen, aber je näher die Prüfung rückt, desto selbstständiger müssen sie sich auf der Straße bewegen können. Das Gleiche gilt beim Pkw für Stoppschilder, rechts vor links und Co. Wenn erst der Prüfer mit im Wagen sitzt, kann ich auch nichts sagen oder tun.

Sechs Tage vor der zweiten Prüfung, wir üben gerade noch einmal die beiden Grundfahraufgaben, rückwärts versetzt an eine Rampe fahren und zum Umkehren nach links rückwärts um die Ecke fahren, wird Salvatore unsicher.

»Eh, Sigi. Glaube du, isch schaffe Prufung diese Mal?«, fragt er ungewohnt zögerlich. So kenne ich ihn gar nicht.

»Hast du dich noch mal mit den Karten beschäftigt?«, frage ich und verschweige ihm, dass die Performance, die er gerade von der Fahrerkabine aus abgibt, kein Grund zur Freude ist.

»Si, aber die Texte seie so schwer, isch nix verstehe alles«, sagt er entschuldigend.

Das fällt ihm ja früh ein, denke ich und sage: »Wieso? Du sprichst doch super Deutsch!«

»Sprecke va bene, ja«, erwidert er und zuckt entschuldigend mit den Schultern. »Aber mit die Lese isch 'abe Probleme, wegen diese Amterschimmelspracke, oder wie 'eiße das?«

Bei der ulkigen Wortkreation muss ich lachen. »Dann musst du dich an unsere Bürokraft wenden. Die kann dir jemanden nennen, der dir bei der Amtssprache hilft.«

Salvatore macht eine wegwerfende Handbewegung

und meint nur: »Ahh, regele isch all'italiana. Alles keine Problem.«

Was er mit der »italienischen Art« meint, erfahre ich ein paar Tage später. Wir sind gerade im Stadtverkehr unterwegs, was wie erwartet gut klappt.

»Weißt du, Chef«, druckst er plötzlich ungewohnt zögerlich herum. »Isch braucke die Fuhrerschein wirklick dringend.«

»Das ist mir schon klar, sonst würdest du ihn ja nicht machen.« Keine Ahnung, worauf er jetzt schon wieder hinaus will.

»Beh, isch 'abe da ein Idee«, setzt er erneut an und wirft mir einen langen Seitenblick zu.

In der Zwischenzeit schaltet die Ampel auf Grün, und der Fahrer hinter uns ist offenbar der Ansicht, dass wir langsam mal losfahren könnten, jedenfalls hupt er zweimal kurz.

»Na los, oder willst du, dass unser Hintermann einen Herzinfarkt bekommt?«, necke ich ihn, frage dann aber nach: »Worum geht's denn?«

»Brauckst du vielleichte eine bissje Gelde?«, will er wissen.

»Wozu?« Es dauert einen Moment, bis bei mir der Groschen fällt.

»Bald ist pasqua, wie sagt man 'ier… ah, Ostern, und willst du deine ragazza sicker etwas schenke, eh?«

Ich bekomme einen Hustenanfall, weil ich so perplex bin, dass ich mich glatt verschlucke. Ich klappe den Mund erst auf und dann wieder zu, ehe ich sage: »Du meinst doch nicht etwa…«

Ein breites Lächeln überzieht sein Gesicht, als er weiterredet und meine Befürchtung bestätigt. »Isch

’abe sweitausend Euro… schwarze Geld, weißt du schon«, flüstert er, obwohl wir immer noch allein in der Fahrerkabine sitzen. »Die du kannste ’abe, wenn du Prufung für mick…«

»Das ist Bestechung!«, falle ich ihm ins Wort. »An so was brauchst du nicht mal zu denken!«

Salvatore lenkt den Lkw ruhig und gelassen durch die Straßen, als hätte er mir wie schon so oft gerade eine nette Anekdote von seiner kleinen Tochter Emilia erzählt. Ihm ist nicht das Geringste anzumerken. »Wer wird denn so eine ’ässliche Wort in die Mund nehme«, sagt er und wechselt urplötzlich in den Säuselmodus. Er klingt wie Don Vito Corleone, der Pate, der einem der Männer, die für ihn malochen, die Schutzgelderpressung schmackhaft zu machen versucht.

»Vergiss es!«

Aber so schnell gibt ein mit allen Wassern gewaschener Italiener offenbar nicht auf. »Ehh, lass mick dock erste mal ausreden. Iste okay, wenn du willste keine Geld.«

»Schön, dann ist das Thema ja hiermit beendet!«

Salvatore lässt sich jedoch nicht beirren. »Meine Cousin ge’ört die beste Pizzeria in ganze Monaco… Munchen. Wenn du wolle, du kannst fur immer dort esse – gratuito! Mit deine ganze famiglia, wenn du wolle, jede Tag.«

Da er mir einfach nicht glauben möchte, dass ich nichts von ihm annehmen werde, wechsle ich die Taktik und frage: »Wie stellst du dir das überhaupt vor? Soll ich mir die Pizzen mit dem Prüfer teilen, und der winkt dich dann durch, oder was?« Wenn er jetzt nicht kapiert, dass er mir da eine Schnapsidee unterbreitet hat, dann weiß ich’s auch nicht.

»Du macke gar nix«, sagt er nur und legt eine bedeutungsschwangere Pause ein.

Ich beschließe, sein Angebot einfach zu ignorieren, und sage stattdessen: »Da vorne halten wir uns dann links, in Richtung Ramersdorf.«

»Aber meine Cousin«, vollendet er endlich den angefangenen Satz. »Der siehte nämlick aus wie meine Zwillinge!«

Allmählich wird's mir hier zu bunt. »Mir ist so was von egal, wie dein Cousin aussieht. Jetzt fahr und halt den Mund!«

Der findige Salvatore ist keineswegs ein Einzelfall. Meine Kollegen und ich erhalten mit schöner Regelmäßigkeit die absurdesten Angebote von Fahrschülern, und zwar männlichen wie weiblichen, die Panik vor der praktischen Prüfung schieben. Dass jemand für einen anderen die Theorieprüfung ablegt, soll trotz Ausweiskontrolle angeblich schon mal vorgekommen sein, bei der praktischen halte ich das jedoch für unmöglich. Vorausgesetzt, der Fahrlehrer steckt mit den Betrügern nicht unter einer Decke. Trotzdem mangelt es uns nicht an Angeboten, von Geld und Essenseinladungen über Geschenke wie nagelneue Handys und Uhren bis hin zu Sex, Alkohol und Drogen.

Ich bin jedes Mal aufs Neue sprachlos, mit welcher Selbstverständlichkeit die jungen Leute mit diesem Thema umgehen und mir derartige Angebote unterbreiten. Was ist das bloß für ein Rechtsempfinden? Oder ist das heutzutage der gute Ton? Angesichts von Managern, die Unternehmen erst kaufen, um sie dann zu zerschlagen und sich die Taschen vollzumachen, oder windigen Finanzjongleuren, die eine ganze Armada an Familien in die Pleite reiten, um ihren Profit zu maximieren, braucht es einen kaum zu wundern, wenn auch im Kleinen betrogen wird, wo es nur geht. Wenn es denn geht. Und zwar egal wie.

Während die Männer eher ihre Qualitäten als Hehler rühmen, versuchen es die Frauen auch schon mal mit Naturalien. Vergeblich, jedenfalls bei mir. Und so beißt auch Salvatore auf Granit. Lebenslang Pizza ist wirklich mal ein origineller Versuch, nichtsdestotrotz ist und bleibt es Bestechung.

Als er tatsächlich einen weiteren Anlauf unternimmt, greife ich notgedrungen zu einer Drohung. »Wenn du jetzt nicht sofort mit dem Scheiß aufhörst und weiterfährst, steigst du an der nächsten Straßenecke aus und läufst zurück! Und eine andere Fahrschule kannst du dir dann auch suchen, bei uns ziehen solche Spielchen nämlich nicht!« Ich bin mit jedem Satz lauter geworden, und die letzten Worte schreie ich fast.

»Va bene! Iste schon gut, wie du wolle. Es ware nur eine Angebot«, gibt er eingeschnappt zurück.

Das Wort »Bestechung« fällt nach dieser Fahrt nie wieder zwischen uns. Für den Tag vor der zweiten praktischen Prüfung machen wir eine letzte Fahrstunde aus, bei der Salvatore noch nervöser ist als nach seinem ersten Fehlversuch. Bis auf einen hysterischen Autofahrer, der uns am Abbiegen hindern will, läuft trotzdem alles wie geschmiert.

Salvatore blinkt wie vorgeschrieben ein ganzes Stück vor der Kreuzung erst links, ehe er zur Hälfte auf die linke von beiden Fahrspuren ausweicht. Just als er den Blinker rechts setzt und zum Abbiegen ansetzen will, kommt von hinten ein älterer Herr in einem Kombi und drängelt sich links an uns vorbei. Als der Lkw-Anhänger ausschert, bekommt er es mit der Angst zu tun, tritt voll auf die Bremse und hupt uns an. Als er uns anschließend überholt, hupt er noch einmal und zetert vor sich hin. Mein Schüler lässt sich von dem Alten jedoch nicht provozieren, sondern ignoriert ihn einfach.

Wenn's ums Fahren geht, ist der Italiener wirklich unschlagbar. In der Theorie hingegen weniger... Angeblich hat er dank unserer Bürokraft jemanden gefunden, der die Aufgabenkarten noch mal mit ihm durchgearbeitet hat, insofern hoffe ich auf einen guten Ausgang.

Alles in allem bin ich zuversichtlich, dass er diesmal besteht, was ich ihm am Ende der letzten Stunde vor der Prüfung auch noch mal sage, als wir den Lkw wie immer an der Heinrich-Wieland-Straße abstellen.

»Isch muss es schaffe, sonst isch bin fertick«, jammert er, und seine Stimme hat auf einmal einen weinerlichen Unterton.

Ich stutze, denn so kenne ich ihn gar nicht. »Keine Sorge, du hast das im Griff«, spreche ich ihm Mut zu.

»Wirklick?« Er schaut mich an wie ein Hund, der um Futter bettelt. »Isch 'offe es. Isch braucke die Fuhrerschein so dringend, damit isch bekomme die Job. Du weißt schon, isch 'abe meine Frau und die kleine Emilia...«

Statt auf seine Mitleidstour einzugehen, sage ich: »Beim Fahren machst du sowieso kaum Fehler, und was die Karten angeht: Die musst du eben noch mal durcharbeiten und dir den Stoff gut einprägen. Das schaffst du schon.«

»Vielleichte«, antwortet er, »vielleichte aber auch

nickt. Isch ’abe da nämlick eine Idee…« Er grinst mich vielsagend an und wendet sich zum Gehen.

»Untersteh dich, Salvatore!«, versuche ich ihn von eventuellen kriminellen Handlungen abzubringen, wie auch immer die aussehen mögen. »Wehe, du bringst dem Prüfer morgen einen Gutschein für lebenslang Pizza mit!«

Der Italiener dreht sich noch einmal zu mir um und hebt abwehrend die Hände. »Ma no, das wurde isch nie macke.« Ich will gerade erleichtert aufatmen, da fügt er hinzu: »Lass dir uberrasche, vielleickt isch schicke dir doch meine Cousin.«

Das hat er am Ende zum Glück nicht getan. Durch eine ordentliche Abfahrtkontrolle und eine souveräne Fahrleistung hat er vielmehr selbst dafür gesorgt, dass er die Prüfung besteht.

Jedenfalls hoffe ich, dass er es war.

Auf alle Fälle kann ich seit Salvatores zweifelhaftem Angebot in keine Pizzeria mehr gehen, ohne die Leute an den Nebentischen zu beobachten und mich zu fragen, wer von denen alles einen Dauergutschein hat und umsonst isst.

info

Weg mit den Punkten!

Über ein volles Konto bei der Bank freut sich jeder. Je voller dagegen das Punktekonto im Verkehrszentralregister in Flensburg wird, desto weniger erfreulich ist das. Denn nach den neuen Regeln ab Mai 2014 heißt es schon ab acht (statt bisher achtzehn) Punkten: Führerschein ade! Dafür gibt es künftig weniger Punkte für die einzelnen Verstöße, die neuerdings in drei Kategorien unterteilt sind.

Für einfache Ordnungswidrigkeiten, etwa innerorts fünfundzwanzig Stundenkilometer zu schnell fahren, gibt es einen Punkt. Grobe Ordnungswidrigkeiten oder Straftaten, wie zum Beispiel weniger als zehn Meter Abstand zum Vordermann auf der Autobahn bei hundertdreißig Sachen, schlagen mit zwei Punkten und einem Regelfahrverbot zu Buche. Für Straftaten, die einen Führerscheinentzug zur Folge haben, wie etwa Alkohol am Steuer, erhält man drei Punkte.

Wer bis zu fünf Punkte auf seinem Flensburger Konto angesammelt hat, der hat die Möglichkeit, im Rahmen eines Aufbauseminars für punkteauffällige Kraftfahrer, kurz ASP, einen Punkt abzubauen und so zu verhindern, dass er den Lappen abgeben muss.

Wird ein solches Seminar von den Behörden angeordnet, ist die Teilnahme verbindlich, andernfalls läuft man Gefahr, künftig für eine Weile zu Fuß gehen zu müssen. Den Führerschein bekommt man allerdings erst wieder, wenn man eine Teilnahmebescheinigung für ein ASP vorweisen kann. Wichtig für Wiederholungstäter: Man kann höchstens alle fünf Jahre an einem ASP teilnehmen und so Punkte abbauen.

Wie auch das Aufbauseminar für Fahranfänger ist das ASP ein Gruppenseminar, besteht aus einem Theorieblock sowie einer Testfahrt und gilt nur als absolviert, wenn man an allen Einheiten teilnimmt. Ziel des Seminars ist es, bei den Teilnehmern ein Bewusstsein für gefährliche Verhaltensweisen im Straßenverkehr zu schaffen, damit sie künftig weder sich noch andere gefährden.

Quelle: Kraftfahrtbundesamt, www.matthias-pascher.de

Herzlichen Glückwunsch!

Nachwort

»Weißt du, was ich heute gesehen habe?«, fragt Sigi.

»Nee, was denn?« Ich blicke von meiner Semmel auf.

»Ein Warnschild, vor einer Schule. Auf dem stand: ›Bitte überfahren Sie die Schulkinder nicht.‹ Und darunter hat jemand mit schwarzem Edding geschrieben: ›Warten Sie lieber auf die Lehrer.‹«

Ich verschlucke mich an meinem Bissen, weil ich so heftig lachen muss, und auch Sigi bricht in schallendes Gelächter aus.

Die Stimmung ist gut. Es ist Mittwoch, und wir haben heute ausschließlich unseren Lieblingssatz gehört: »Herzlichen Glückwunsch, Sie haben bestanden!« Mittwochs ist die Aufregung immer groß, denn da finden bei uns in der Fahrschule die praktischen Prüfungen statt. Da wird gelacht, gejubelt, gekreischt, geflucht und geweint – und manchmal sogar alles zusammen. Die Emotionen kochen hoch, und zwar nicht nur bei den Schülern, sondern auch bei uns. Schließlich wünschen wir jedem von unseren Schützlingen ein Erfolgserlebnis – auch wenn sie uns während der Übungsstunden noch so viele Nerven gekostet haben. Was das angeht, sind wir alles andere als nachtragend.

Von morgens um acht bis nachmittags um vier geben sich mittwochs in der Hohenbrunner Straße zappelige Schüler, bis zu sechs Kollegen und mehrere Prüfer die Klinke in die Hand. Während wir Letztere mit Kaffee bei Laune halten, versuchen wir Erstere zu beruhigen und ihnen Mut zuzusprechen.

Heute ist einer dieser Mittwoche, es ist halb fünf am Nachmittag. Sigi und ich sitzen mit je einer unserer geliebten Leberkässemmeln auf der Holzbank vor der Fahrschule in der Junisonne und lassen den Tag Revue passieren.

»Mann, ist das lecker«, sagt Sigi und beißt herzhaft in seine Semmel. »Und so gesund«, fügt er mit hochgezogenen Augenbrauen hinzu.

»Egal, uns geht's gut«, sage ich. »Das ist die Hauptsache. An Tagen wie diesem macht mir der Job immer einen Riesenspaß, und ich weiß, wozu ich mir den ganzen Stress antue.«

Heute ist es tatsächlich besonders gut gelaufen, denn all unsere Schützlinge haben bestanden. Lediglich die Schülerin eines Kollegen darf in der Klasse B eine Extrarunde drehen – wegen des Klassikers schlechthin: Stoppschild überfahren. Na ja, das passiert in der Aufregung selbst den Besten.

Sigi nickt kauend. »Stimmt. Heute haben sie sich alle selbst übertroffen, ich war richtig stolz auf meine Leute. Alles ohne Zwischenfälle.«

»Na ja, es kann ja auch nicht jedes Mal so laufen, dass du am Ende der Prüfung selbst vor der Fahrschule vorfährst, weil deine Schülerin unterwegs die Nerven verloren hat«, lache ich.

»Ach, du meinst Luisa? Die war echt 'ne Marke. Aber komm, deine Spanierin mit ihren Temperamentsausbrüchen war auch nicht schlecht!«

Da hat er allerdings recht. »Die war echt ein ganz besonderes Kaliber, aber auch sie hat am Ende Autofahren gelernt. Sie hat mir neulich ganz stolz ein Foto von ihrem ersten Auto zugeschickt.« Ich schiebe mir das letzte Stück Leberkäse in den Mund. »Iff haf mif«, ich schlucke, »richtig für Sie gefreut.«

Das ist und bleibt das Schönste: zu sehen, was aus unseren Schülern wird, wenn wir sie in die große weite Welt (sprich: den Wahnsinn auf Münchens Straßen) entlassen und uns sicher sein können, dass aus ihnen mit ein bisschen Übung gute und verantwortungsvolle Autofahrer werden. Wenn wir etwas weitergeben können – und etwas zurückbekommen. Deshalb machen wir diesen Job.

Für uns die beste Arbeit der Welt.

Anhang

Alle Idioten zum Test?!

Die Medizinisch-Psychologische Untersuchung (MPU), im Volksmund »Idiotentest« genannt, kann entweder gerichtlich oder behördlich angeordnet werden. Bei der sogenannten »Begutachtung der Fahreignung« untersucht und beurteilt ein eigens dafür geschulter Diplom-Psychologe die charakterliche Tauglichkeit von Personen, ein Fahrzeug im Straßenverkehr zu führen. Aufgrund des Gutachtens entscheiden die Behörden, ob jemandem der Führerschein erteilt, entzogen oder neu erteilt wird.

Ein MPU-Gutachten ist Grundvoraussetzung oder wird angeordnet, wenn jemand …
… mit seinem Fahrzeug eine Straftat begangen hat,
… deutlich zu schnell gefahren ist,
… im Verkehrszentralregister mit mehr als der erlaubten Höchstpunktzahl erfasst ist,
… unter Drogen- bzw. Medikamenteneinfluss oder stark alkoholisiert Auto gefahren ist,
… einen Führerschein der Klasse B, D, DE, D1 oder D1E als Berufskraftfahrer machen möchte.

Quellen: www.mpu.de, www.bussgeldkatalog-mpu.de

info

Einige der teuersten Vergehen im Straßenverkehr

Platz 5
400 Euro für …
… die Teilnahme an einem illegalen Autorennen.

Platz 4
680 Euro für …
… eine Geschwindigkeitsüberschreitung innerorts mit einem Kfz bis 3,5 t zulässigem Gesamtgewicht von mehr als 70 km/h.

Platz 3
700 Euro für …
… das Überqueren eines Bahnübergangs bei geschlossener Schranke als Kraftfahrzeugführer.

Platz 2
2500 Euro für …
… die Beleidigung eines Polizeibeamten, etwa als »alte Sau« oder »Miststück« (je nach Wirtschaftslage des Täters).

Platz 1
3000 Euro und mehr für …
… Alkohol am Steuer (je nach Promillewert und im Falle eines Unfalls).

info

Einige der günstigsten Vergehen im Straßenverkehr

Platz 5
10 Euro für ...
... das Fahren mit Fernlicht auf einer Straße mit durchgehender, ausreichender Beleuchtung.

Platz 4
10 Euro für ...
... das Betreten einer Autobahn als Fußgänger.

Platz 3
5 Euro für ...
... ein nicht lesbares Kennzeichen (etwa durch Verschmutzung oder mangelnde Beleuchtung).

Platz 2
5 Euro für ...
... das Nichttragen von auffälliger Warnkleidung bei Arbeiten außerhalb von Gehwegen oder Absperrungen.

Platz 1
5 Euro für ...
... das Einordnen auf längs verlegten Schienen als Linksabbieger, sofern man dabei ein Schienenfahrzeug behindert.

P 1 oder Ehrenrunde – so sieht's aus in Deutschland

Insgesamt fanden 2012 in Deutschland 1 562 980 theoretische und 1 526 625 praktische Prüfungen statt. Daraus lässt sich ableiten, dass genau 36 355 Fahrschüler entweder …

… kurz vor knapp der Mut verlassen hat,
… auf der Zielgeraden das Geld ausgegangen ist,
… nach Australien, Südafrika, in den Kongo oder sonst wohin ausgewandert sind,
… einen Führerschein im Lotto gewonnen haben
… oder andere gute Gründe hatten, die praktische Prüfung trotz bestandener Theorie nicht anzutreten.

Die meisten Prüfungen (sowohl Theorie als auch Praxis) wurden mit knapp 350 000 in Nordrhein-Westfalen abgelegt – kein Wunder, immerhin ist NRW das bevölkerungsreichste deutsche Bundesland. Die wenigsten fanden mit jeweils ungefähr 11 000 in Bremen statt, dicht gefolgt vom Saarland mit knapp 18 000.

Das sagt aber noch lange nichts über die Erfolgsquote aus, denn die schlausten Theorieprüflinge kommen aus Hessen, dort liegt die Durchfallquote nur bei 23,6 Prozent, dicht gefolgt von den Schleswig-Holsteinern mit 25,9 Prozent und den Saarländern mit 26,6 Prozent – im Vergleich zum Bundesschnitt von 28,9 Prozent ein ordentliches Ergebnis.

Nicht ganz so gut sieht es im Osten der Republik aus, denn auf den hinteren Plätzen tummeln sich ausschließlich Fahrschüler aus den neuen Bundesländern.

- Sachsen-Anhalt mit 39,1 Prozent,
- Mecklenburg-Vorpommern mit 37,7 Prozent,

- Sachsen mit 37,6 Prozent,
- Brandenburg mit 37,5 Prozent,
- Thüringen mit 36,9 Prozent.

Die erfolgreichsten Fahrschüler in den praktischen Prüfungen kommen ebenfalls aus Hessen, wo die Durchfallquote mit 20,6 Prozent noch niedriger ist als bei der Theorie. Es folgen Baden-Württemberg mit 22,3 Prozent auf Platz zwei und Schleswig-Holstein mit 22,8 Prozent auf Platz drei.

Die meisten Fehlversuche haben dagegen die Hamburger, die mit 39,3 Prozent einsam an der Spitze liegen. Es folgen Sachsen-Anhalt mit 35,5 Prozent und Bremen mit 35,4 Prozent.

Insgesamt lag die Durchfallquote bei den praktischen Prüfungen in den letzten zehn Jahren im Durchschnitt bei 25,5 Prozent, wobei in den vergangenen zwei Jahren eine leichte Steigerung zu verzeichnen war. Von den angetretenen Theorieprüflingen fielen dagegen in den letzten zehn Jahren durchschnittlich knapp 30,0 Prozent durch – hier mit leicht fallender Tendenz.

Quelle: Kraftfahrt-Bundesamt

Auflösung: Der große Test – Welcher Autofahrertyp bist du?

Na, wie sieht es aus? Hast du bei unserem großen Typentest am häufigsten A, B, C oder D angekreuzt? Oder herrscht am Ende sogar Gleichstand zwischen mehreren Buchstaben? In dem Fall solltest du unter jenen Typen nachlesen, deren Anteile in etwa gleich stark bei dir ausgeprägt sind.

Typ A – Der PS-Profi

»Autofahren macht Riesenspaß« lautet dein Motto. Aber leider nur, wenn der Verkehr fließt und du deinen Wagen auch ausfahren kannst. Du bist stolz auf dein Auto, das dir ein Gefühl von Freiheit und Unabhängigkeit vermittelt. Ich will Spaß, ich geb Gas!

Andere Autofahrer betrachtest du eher als Konkurrenten, daher nervt dich nichts mehr als Sonntagsfahrer (mit und ohne Hut) und Lkw auf der Landstraße, Stop-and-go-Verkehr in der Innenstadt, kilometerlange Staus auf der Autobahn, Mittelspurschleicher und Menschen, die beim Abbiegen zu lange zögern. Deinen Unmut darüber tust du nicht selten lautstark (per Hupe) oder deutlich sichtbar (per Lichthupe) kund, und auch dein Repertoire an Gesten ist beachtlich. Wenn du nur irgendwie schneller und zügiger vorankommen kannst, dann tust du das – zur Not auch ohne Rücksicht auf Verluste, sprich andere Verkehrsteilnehmer. Dein Schutzengel ist daher immer gut beschäftigt, wenn du unterwegs bist.

Den einen oder anderen Punkt, der sich wegen Drängelns oder Rasens auf deinem Konto in Flensburg tummelt, nimmst du dafür gerne in Kauf. Wenn doch nur die unverschämt hohen Bußgelder nicht wären! Von der Kohle könnte man noch mehr cooles Zubehör kaufen.

Typ B – Der Verantwortungsbewusste
Du fährst gerne Auto, kennst sämtliche Verkehrsregeln aus dem Effeff, selbst solche, von denen andere noch nie im Leben etwas gehört haben, und würdest sie selbstverständlich niemals überschreiten. Du hast noch nie einen Strafzettel erhalten, nicht mal fürs Falschparken. Die Führerscheinprüfung hast du mit Bravour bestanden und bist auch sonst ein sehr korrekter Mensch. Das verlangst du auch von den anderen Verkehrsteilnehmern, nur entspricht deren Verhalten leider allzu selten deinen Vorstellungen. Du findest es erschreckend, wer heutzutage so alles einen Führerschein hat, und fragst dich bei so mancher Situation, ob's den Lappen neuerdings im Lotto zu gewinnen gibt. »So nicht, mein Freund!«, denkst du daher so manches Mal und weist andere auch schon mal per Lichthupe oder Handzeichen zurecht, wenn es denn sein muss. Wenn dich jemand bedrängt, fährst du erst recht langsamer, damit der andere merkt, was richtig ist und was nicht.

Dein Auto, das du dir ganz gezielt ausgesucht hast, weil es als besonders sparsam und sicher gilt, ist scheckheftgepflegt, kommt regelmäßig in die Waschanlage und ist auch sonst picobello in Ordnung. Vor jeder Fahrt überlegst du dir, ob du nicht auch zu Fuß gehen oder mit dem Fahrrad fahren könntest, das bist du der Umwelt schuldig.

Typ C – Der Angsthase

Lieblingsbeschäftigungen und Vorlieben hast du viele – nur das Autofahren gehört ganz sicher nicht dazu. Wenn es nicht unbedingt nötig ist, schwingst du dich nicht hinters Steuer, denn dort fühlst du dich in den allermeisten Fällen einfach nicht wohl. Da du nicht oft fährst, mangelt es dir an Fahrpraxis, entsprechend unsicher und defensiv bist du auf der Straße unterwegs, vor allem auf der Autobahn. Dichter Verkehr oder Raser und Drängler auf der Landstraße stressen dich ebenso sehr wie Radfahrer, Fußgänger und Fahrspurwechsel im Stadtverkehr. Je forscher die anderen sich verhalten, desto defensiver wirst du – und so bist du jedes Mal froh, wenn du ohne Schrammen und Dellen in einer Parklücke gelandet bist.

Größe und Modell des Autos sind dir völlig gleichgültig, für dich ist es nichts weiter als ein Mittel zum Zweck, wenn es darum geht, von A nach B zu gelangen, sofern es keine Alternative gibt.

Typ D – Der Gelassene

»Es kommt, wie es kommen muss – und irgendwann komme ich auch ans Ziel.« Mit dieser Devise bist du noch immer gut gefahren, deswegen lässt du dich auch von nichts und niemandem aus der Ruhe bringen. Schon gar nicht von jenen Verkehrsteilnehmern, die ständig drängeln, die Abbiegespur zum Einfädeln benutzen und dir die Vorfahrt nehmen. Du machst einfach das Beste aus jeder Situation und kannst beim besten Willen nicht nachvollziehen, wie man sich beim Autofahren aufregen kann. Wenn's läuft, dann freust du dich; wenn der Verkehr stockt, nutzt du die unfreiwillige Pause, um über dein Leben nachzudenken, dir die Lippen nachzuziehen oder die Radiosender neu zu programmieren.

Zu deinem Auto hast du ein sehr entspanntes Verhältnis. Es ist für dich ein Fortbewegungsmittel und kein Statussymbol, daher ist dir auch nicht wichtig, ob es auf Hochglanz geputzt ist oder nicht. Hauptsache, es fährt. Wenn du gut drauf bist, kannst du schon mal Gas geben, aber meistens bist du beim Fahren mit den Gedanken sowieso ganz woanders. Die Verkehrsregeln legst du durchaus großzügig aus, wenn es zu deinem Vorteil ist, ansonsten bist du ein eher unaufgeregter Fahrer ohne große Ambitionen.

Auflösung Quiz: Fachchinesisch für Autofahrer

1c) Ein SHD ist ein Schiebe-Hub-Dach.

2b) und **2d)** sind korrekt. Beim MFD handelt es sich um einen Bordcomputer, auch Multifunktionsdisplay genannt.

3b) Das PDK gibt es tatsächlich nur bei einem Autohersteller, denn es heißt ausgeschrieben: Porsche-Doppelkupplungsgetriebe.

4a) Regen-Licht-Sensor heißt abgekürzt RLS.

5c) SWR ist kein Radiosender, sondern die Scheinwerferreinigungsanlage.

6a) Tempomat lautet die richtige Antwort, auch Geschwindigkeitsregelanlage (GRA) genannt.

7c) Hinter der HSN verbirgt sich die Herstellerschlüsselnummer.

8b) Komprimiertes Erdgas, in der Fachsprache Compressed Natural Gas, wird CNG abgekürzt.

9a) und **9b)** sind richtig, denn der englische Fachbegriff für die Antriebsschlupfregelung (ASR) lautet Traction Control System.

10d) Die einfachste Lösung ist oft die beste: CDW steht schlicht für CD-Wechsler.

11c) Außentemperaturanzeige, kurz ATA, ist richtig.

12d) Nein, das ist kein Tippfehler, vielmehr macht das kleine e hier den großen Unterschied. Ein eSP ist nicht das elektronische Stabilitätsprogramm, sondern steht für elektrisch einstellbare Spiegel.

13a) Es handelt sich um das hochautomatisierte Fahren.

14b) Speed Limit Information lautet hier die korrekte Antwort.

15c) Hinter SAS verbirgt sich kein komplizierter englischer Fachausdruck, sondern schlicht der Seitenaufprallschutz.